T0126832

LA CONSCIENCE ET LE CORPS

—

COMITÉ ÉDITORIAL

BIBLIOTHÈQUE DES TEXTES PHILOSOPHIQUES
Directeur : Emmanuel CATTIN

Raymond RUYER

LA CONSCIENCE ET LE CORPS

Introduit par
Frédéric FRUTEAU DE LACLOS

Postface de
Fabrice LOUIS et Jean-Pierre LOUIS

PARIS
LIBRAIRIE PHILOSOPHIQUE J. VRIN
6 place de la Sorbonne, V e
2020

pour la première édition, © Librairie *FÉLIX ALCAN*, 1937
© *Librairie Philosophique J. VRIN*, 2020
Imprimé en France
ISSN 0249-7972
ISBN 978-2-7116-2943-5
www.vrin.fr

INTRODUCTION

Ruyer, un psycho-philosophe dans le siècle

L'ouvrage de Raymond Ruyer *La conscience et le corps* est paru pour la première fois chez Félix Alcan en 1937 dans la collection « Nouvelle Encyclopédie Philosophique », avant d'être repris en 1950 par les Presses universitaires de France. Dans cette même collection philosophique avaient été publiés *Les âges de l'intelligence* de Léon Brunschvicg en 1934, *Le nouvel esprit scientifique* de Gaston Bachelard la même année, et *L'imagination* de Jean-Paul Sartre en 1936. Reprise à partir des années de guerre par les Presses universitaires de France, et dirigée alors par Émile Bréhier, elle accueillit d'autres titres qui, pour certains, sont tenus pour des classiques, et qui, pour d'autres, mériteraient de l'être. Signalons *Le fait métaphysique* de Paul Masson-Oursel en 1941, *Les différents modes d'existence* d'Étienne Souriau en 1943, republié en 2009, *Pensée implicite et perception visuelle* de Jacques Paliard en 1949, *L'axiomatique* de Robert Blanché en 1955, qui a connu pas moins de quatre rééditions. C'est dire l'importance d'une telle collection philosophique, sans doute l'une des premières « de poche » dans l'édition française du XXᵉ siècle.

Le directeur de cette publication était Henri Delacroix. Élève d'Henri Bergson au lycée Henri-IV, il fit une belle carrière qui le mena jusqu'à la faculté des lettres de la Sorbonne, dont il devint doyen en 1928. Dans *La conscience et le corps*, Ruyer en parle comme d'un psychologue « de premier plan » – c'est, il est vrai, pour lui reprocher d'avoir « céd[é] à la tentation, d'ailleurs partiellement justiciable, de mettre partout la conscience, l'intelligence »[1]. Bien des années après la mort du psychologue, l'helléniste Jean-Pierre Vernant évoquait encore avec une certaine émotion « l'un des beaux livres qu'Henri Delacroix avait publié, au temps de [s]a jeunesse, et qu'il avait intitulé *Le langage et la pensée* »[2]. Il vaut la peine de rappeler le rôle joué par Delacroix dans l'histoire de la pensée française, à la charnière de la philosophie et de la psychologie, et plus exactement dans ce moment de la pensée française où la psychologie était encore pratiquée par des philosophes. Après la Seconde Guerre mondiale, la discipline devait prendre son autonomie académique et théorique, en s'organisant en psychologie expérimentale d'un côté, psychologie clinique de l'autre, selon une dualité sous-disciplinaire dont on espérait qu'elle n'empêcherait pas de réaliser l'unité du champ[3].

---

1. R. Ruyer, *La conscience et le corps*, Paris, Alcan, 1937, désormais *CC*, p. 151. Voir également p. 96, 158.

2. J.-P. Vernant, *Mythe et société en Grèce ancienne* [1974], Paris, Maspero, 2004, p. 7. Sur Delacroix, je me permets de renvoyer à mon livre *La psychologie des philosophes. De Bergson à Vernant*, Paris, P.U.F., 2012, p. 31-53.

3. Voir D. Lagache, *L'unité de la psychologie. Psychologie expérimentale et psychologie clinique* [1949], Paris, P.U.F., 2012. Pour le sens de cette intervention dans la Sorbonne de l'immédiat après-guerre, voir A. Ohayon, *Psychologie et psychanalyse en France. L'impossible rencontre (1919-1969)* [1999], Paris, La découverte, 2006, p. 277-290.

Dans le même temps, les philosophes eux-mêmes se tournaient vers d'autres sciences, voire d'autres contrées, de la phénoménologie allemande aux sciences sociales – comprendre : les sciences humaines auxquelles on aura pris soin d'arracher la psychologie, censément compromise par ses liens avec le spiritualisme français. Ainsi se trouvaient définis deux « moments », de l'existence d'une part, des structures de l'autre, dont l'un des dénominateurs communs consistait dans la mise à distance de la psychologie. La virulence de Georges Canguilhem ou de Michel Foucault à l'égard de la psychologie prend sens dans un tel contexte, en étant rapportée à une telle histoire [1]. Or, Ruyer tout comme les psychologues philosophes qu'il cite, reprend ou critique, de Henri Delacroix à Pierre Janet en passant par Albert Burloud [2], se trouve dans une situation singulière, dont ne rendent pas compte les partages dégagés *a posteriori* par la cartographie historiographique des moments. À eux tous, ces penseurs dessinent en effet une étonnante configuration qui, tout en se démarquant du spiritualisme, refuse de se laisser imposer ses méthodes et ses objets par la psychologie expérimentale et la psychologie

---

1. G. Canguilhem, « Qu'est-ce que la psychologie ? » [1958], *Études d'histoire et de philosophie des sciences concernant les vivants et la vie*, Paris, Vrin, 1994, p. 365-382 ; M. Foucault, *Les mots et les choses. Une archéologie des sciences humaines*, Paris, Gallimard, 1966, p. 366-378. Sur les « moments », voir F. Worms, *La philosophie en France au XXᵉ siècle. Moments*, Paris, Gallimard, 2009.

2. À la fin de *Néo-finalisme*, Ruyer mentionnera le « très remarquable livre de Burloud, *De la psychologie à la philosophie* » et son « très significatif » mouvement du psychologisme au théisme (Paris, P.U.F., 2012, p. 261). C'est à un mouvement comparable que Ruyer invitera son lecteur après-guerre.

clinique. Ils forment une lignée originale de « psycho-philosophes » [1], dont l'existence n'a pas échappé aux spécialistes de la discipline.

Ainsi ne s'étonnera-t-on pas par exemple que Jean Piaget ait cru bon de s'expliquer avec Ruyer : la « psychologie philosophique » en général, la tentative de Ruyer en particulier, représentaient l'ennemi à abattre au moment où Piaget s'employait à rapprocher sa psychologie et son épistémologie génétiques du paradigme dominant de la pensée française, le structuralisme [2]. S'en prendre à Ruyer avec autant de vigueur, c'était admettre la force de sa psychologie en même temps que son appartenance à un courant souterrain mais vigoureux de la pensée française du siècle. Ruyer est attaché aux faits scientifiques ; par là, il se distingue de nombre d'autres psychologues philosophes, dont les « ambitions » exorbitantes ont été systématiquement réfutées par Piaget [3]. Le cas de Ruyer est traité avec celui de penseurs qui, attentifs aux cheminements effectifs des sciences, apparaissent plus délicats à réfuter [4]. La tentative

---

1. L'expression « psycho-philosophie » est de Claude-Marcel Prévost, auteur de *La psycho-philosophie de Pierre Janet. Économies mentales et progrès humain* (Paris, Payot, 1973).

2. J. Piaget, *Sagesse et illusions de la philosophie* [1965], Paris, P.U.F., 2016, p. 248-254 ; *Le structuralisme* [1968], Paris, P.U.F., 2016. Voir également le débat autour des travaux de Piaget, « Psychologie et philosophie » [1966], *Psychologie et marxisme*, Paris, UGE, 1971, p. 9-77.

3. J. Piaget, *Sagesse et illusions de la philosophie*, op. cit., chap. IV, « Les ambitions de la psychologie philosophique », p. 166-222.

4. *Ibid.*, chap. V, « Les philosophes et les problèmes de faits », p. 223-280.

« plus sérieuse » de Ruyer, qui a fourni un « gros effort d'information », fourmille d'« aperçus ingénieux » et même d'« idées valables », à commencer par le projet de fusionner « le comportement et la vie organique », c'est-à-dire la psychologie et la biologie [1]. Seulement, Ruyer n'a pas cru possible d'expliquer les comportements les plus évolués en s'en tenant aux faits matériels, aux phénomènes donnés dans l'étendue. Il est bien vrai que ces comportements exigent un genre d'explication particulier, mais rien qui impose de quitter le sol de l'expérience. La prise en compte des processus singuliers de boucles, d'action et de rétroaction, à partir de l'étendue matérielle, suffit selon Piaget à rendre raison de l'émergence des comportements supérieurs : « la liaison entre le fonctionnement d'une structure et la structuration elle-même est à chercher dans la direction des auto-régulations ou équilibrations actives »; les structures à identifier en psychobiologie sont précisément celles qui, « à l'instar des grandes structures algébriques qualitatives, englobent leurs propres lois de construction » [2]. Or, au lieu de s'en tenir à ces thèses « structuralistes », Ruyer a cru devoir postuler l'existence de potentiels psychiques « transspatiotemporels » qu'il a attribués aux organismes les plus élémentaires, allant jusqu'à parler de la « subjectivité d'une molécule » [3]. C'est là, estime Piaget, mettre le supérieur dans l'inférieur, l'intelligence avant la vie mentale et, ce faisant, basculer dans des spéculations

1. *Ibid.*, p. 248.
2. *Ibid.*, p. 249-250.
3. *Ibid.*, p. 251.

métaphysiques dignes d'un véritable « spiritualisme biologique »[1].

D'autres, mieux disposés que Piaget, surent identifier avec précision le mouvement de cette histoire et la place originale qu'y occupe Ruyer, comme on le voit dans le remarquable tableau de la psychologie du XXe siècle dressé par Gilbert Simondon dans son cours de 1956, « Fondements de la psychologie contemporaine »[2]. Le début du siècle avait été marqué par une intense période de découvertes en psychologie. Après cette première moisson de résultats advient une phase de concentration et d'unification théoriques, de systématisation et de formalisation, autour de la notion de forme. Alors, explique Simondon, « [l]a réalité psychique est saisie comme le tout du comportement d'un organisme adapté au milieu ou la réalité molaire d'un ensemble ayant une forme ». « De l'extérieur – ajoute Simondon –, cette crise put paraître une défaite de la psychologie expérimentale et objective devant une psychologie de type philosophique, parce qu'elle est contemporaine d'un ralentissement de la découverte ; en fait, il s'agit de la crise par laquelle la psychologie a pu se théorétiser et s'unifier […] »[3]. À suivre Simondon, on comprend que Piaget, tout à sa

1. J. Piaget, *Sagesse et illusions de la philosophie*, *op. cit.*, p. 254. Henri Wallon adressait déjà ce reproche à Delacroix et, en général, à ces « psychologues qui partent du mental ou du psychique » : « Leur psychologie ne trouve pas de domaine parmi ceux des sciences concrètes. Elle plane au-dessus, parce qu'elle est l'expression immédiate des principes de la connaissance ou de l'être. » (*La vie mentale* [1938], Paris, Éditions sociales, 1982, p. 115).

2. G. Simondon, *Sur la psychologie (1956-1967)*, Paris, P.U.F., 2015, p. 19-270.

3. *Ibid.*, p. 87-88.

polémique antiphilosophique, a négligé d'historiciser sa matière. Il n'a pas su identifier la courbe d'évolution récente des sciences psychologiques. Ce qu'il a pris pour une régression spéculative a représenté une étape nécessaire de ressaisie théorique de l'ensemble des faits psychologiques jusqu'alors mis au jour. Ruyer est particulièrement représentatif de ce mouvement, lui dont la « préoccupation moniste vigoureuse » a donné lieu à un « monisme de la forme » [1].

Davantage porté à historiciser le devenir de sa discipline, Simondon se révèle également plus soucieux de rendre raison de la progression théorique de Ruyer. Piaget faisait comme si tout avait commencé pour Ruyer avec la découverte de la biologie à l'occasion de discussions dans les camps de prisonniers de la Seconde Guerre mondiale avec l'embryologiste Étienne Wolff :

> Ruyer s'est ainsi trouvé plongé dans cette atmosphère d'échanges scientifiques qui fait si cruellement défaut dans la préparation habituelle des philosophes. De retour à Nancy, Ruyer a poursuivi ses lectures et ses méditations […] [2].

La connaissance plus fine que Simondon possède des écrits de Ruyer montre qu'il n'en est rien. Les méditations de Ruyer, dont la « préparation » philosophique date de l'entre-deux-guerres, se sont seulement « poursuivies » lors des conférences de l'université de son Oflag. Son parcours intellectuel avait été entamé plus tôt, et des inflexions philosophiques avaient même commencé de se manifester avant la guerre. Simondon pointe à cet

---

1. *Ibid.*, p. 127.
2. J. Piaget, *Sagesse et illusions de la philosophie*, *op. cit.*, p. 248.

égard l'importance de *La conscience et le corps* dans le cheminement de la pensée ruyerienne. Dès 1937, date de la première parution de l'ouvrage, Ruyer présente la psychologie des perceptions et des représentations comme un « cas particulier du champ psychologique ou psychoïque », et le vital vient « se greffer » sur le psychologique :

> À partir de 1937 (*La conscience et le corps*), Ruyer quitte le monisme mécaniste pour aller vers le monisme biologique : la structure n'est qu'une pseudo-forme ; c'est la vraie forme qui est la réalité. La forme échappe à l'espace ; elle survole les éléments et paraît se survoler elle-même. La biologie elle-même se laisse absorber par la psychologie ; l'intelligence de l'amibe est du même type que celle de l'homme ; et c'est à partir de la nôtre que nous la connaissons. L'intelligence ne fait qu'un avec la vie [1].

Que Simondon soit parvenu à rendre raison de la place occupée par Ruyer dans l'histoire de la psycho-philosophie française, qu'il soit allé jusqu'à identifier dans son devenir le point de bascule d'une philosophie des structures en direction d'une psychobiologie des formes, ne doit pas étonner compte tenu de l'inscription de Simondon lui-même dans cette histoire – il occupa à Paris une chaire de psychologie générale. Mais pour cette raison même, Simondon devait aussi se démarquer. Plutôt que la rupture épistémologique prônée par l'adversaire de la psychologie philosophique, il faisait valoir, en héritier, le dépassement historique : Ruyer appartiendrait avec Albert Burloud et Maurice Pradines à la phase de « monisme systématique » de la psychologie (1918-

---

1. G. Simondon, *Sur la psychologie*, *op. cit.*, p. 127-128.

1939). Or à cette phase aurait succédé une période de « pluralisme génétique », au sein de laquelle Simondon a poursuivi sa propre entreprise psychologique : après la première étape d'accumulation des résultats positifs, et la deuxième de clarification des principes unificateurs, la psychologie se serait développée à des niveaux intermédiaires, en identifiant des genèses plutôt que des êtres ou des substances, et en mettant en valeur des analogies fonctionnelles et des types de dynamismes de l'être[1].

Pourtant, Ruyer, quand bien même il se serait formé dans le creuset de la psycho-philosophie de l'entre-deux-guerres, a publié ses ouvrages les plus systématiques dans la seconde moitié du XXe siècle. La stratégie de Simondon consiste à effacer Ruyer du tableau de la psychologie contemporaine, à le faire rétrograder de la phase actuelle du développement de la discipline à une phase passée. Ainsi n'a-t-il pas à s'expliquer avec lui : sa présence n'étant même plus à l'horizon du champ de la psycho-philosophie, Ruyer est dépassé avant même d'avoir été discuté, et sans avoir à l'être. Il n'y a cependant pas de doute que Ruyer et Simondon sont historiquement contemporains, bien plus, qu'ils sont théoriquement concurrents, psycho-philosophiquement inconciliables. Tandis que l'un s'attache aux formes, l'autre, au contraire, s'emploie à travailler sous elles et à démonter le « schème hylémorphique » constitué par le couple forme-matière[2]. Rien de plus instructif à cet égard que la lecture différenciée que fera d'eux Gilles Deleuze, aussi favorable à l'un qu'à l'autre : avec Simondon, il

1. *Ibid.*, p. 181-183.
2. Sur la relation du cours de 1956 et l'œuvre alors en cours d'élaboration, voir la très éclairante note des éditeurs, p. 247-248.

insistera sur les phases d'effondrement de toute forme, de disparition de tout fondement – que Deleuze, pour sa part, nomme « effondement » –, avec Ruyer sur la possibilité de « survols » formels des situations[1]. Mais précisément parce qu'ils étaient contemporains et concurrents, Simondon a perçu comme aucun le sens de l'entreprise de Ruyer et la portée de son ouvrage de 1937. Il nous faut maintenant insister sur ce point.

La découverte du caractère « psychoïde » de la conscience

Important au regard du partage des disciplines, des méthodes et des concepts, *La conscience et le corps* est essentiel pour comprendre l'évolution philosophique de Ruyer vers son système d'après-guerre. L'ouvrage représente dans son parcours un pivot déterminant. Jusque-là, en particulier dans sa thèse de 1930 *Esquisse d'une philosophie de la structure*, Ruyer s'était installé d'emblée dans la connaissance, refusant tout point de vue subjectif préalable, comme si la théorie de la connaissance devait être fondée sur une théorie du sujet de la connaissance. Or les formes de l'intellection ne sont pas des formes de l'esprit, projetées par ce dernier sur le réel afin d'assurer l'adéquation de ce qui est en nous et de ce qui est hors de nous. Le point d'entrée

---

1. Sur Simondon et la critique du schème hylémorphique, voir G. Deleuze et F. Guattari, *Mille plateaux*, Paris, Minuit, 1980, p. 457, 507-511 ; sur Ruyer et le survol formel, voir G. Deleuze et F. Guattari, *Qu'est-ce que la philosophie ?*, Paris, Minuit, 1991, p. 26, 198. Déjà une différence de traitement est perceptible dans G. Deleuze, *Différence et répétition*, Paris, P.U.F., 1968, p. 279 et p. 317.

subjectiviste dans le problème de la connaissance, que présuppose toute investigation transcendantale, empêche en réalité d'atteindre à cette évidence : la forme est le réel même, et la conscience est une réplique mentale de la structure du réel. Un regard est bien porté sur le réel, mais, reproduction structurale des choses mêmes, il n'implique pas que le penseur s'engage dans l'analyse des replis d'une subjectivité constituante. Le regard et la conscience correspondent structurellement à la forme réelle. La conscience n'est pas donnée ; pas davantage elle ne donne au réel sa structure. Elle est au contraire informée et structurée par le réel. La progression même de l'*Esquisse* obéit à cette logique anti-transcendantale. L'entrée en matière est constituée par l'analyse des « formes à liaisons objectives » et des rapports entre les formes, le mécanisme et le monde réel (Première partie). La réflexion s'approfondit à travers l'étude des « formes à liaisons cérébrales » (Deuxième partie), et se conclut sur celle des « relations entre les deux types de formes » en vue d'éclairer le « mécanisme de la connaissance », à travers une discussion du « criticisme idéaliste » de Kant (Troisième partie).

À cet égard, Ruyer est réaliste, mais son réalisme est bien différent de celui promu par Jean-Paul Sartre à la même époque à travers sa lecture décapante de l'intentionalité husserlienne [1]. Car l'élan vers le concret décrit par Sartre, ce mouvement qui, en nous installant « dans » une conscience, nous rejette instantanément dans la « poussière du monde », ne nous délivre que superficiellement de la vie intérieure. En vérité, la définition

---

1. J.-P. Sartre, « Une idée fondamentale de la phénoménologie : l'intentionnalité » [1939], *Situations, I. Critiques littéraires*, Paris, Gallimard, 1947, p. 29-32.

phénoménologique de la conscience comme conscience *de* quelque chose nous reconduit à un champ qui, pour être vidé de toute référence à un ego empirique, demeure hanté par le spectre d'un ego transcendantal lequel, dans le meilleur des cas, se réduit à l'ensemble des intentions et des rétentions constitutives d'une conscience, c'est-à-dire d'un champ subjectif en devenir[1]. Bref, un tel « réalisme » est et demeure un idéalisme. Tout autres sont le réel et sa doublure conscientielle pour Ruyer, dont les thèses entrent en dialogue avec les doctrines métaphysiques anglo-américaines de penseurs tels que Samuel Alexander, Charles Dunbar Broad, Charles Augustus Strong, Roy Sellars, Bertrand Russell et Alfred North Whitehead. Ruyer n'hésite pas non plus à s'expliquer avec des savants contemporains soucieux des conséquences philosophiques de leurs théories, comme Arthur Eddington, interlocuteur britannique d'Albert Einstein[2]. Ces auteurs nourris des sciences de leur temps sont attentifs à la nature de la conscience, mais dans la mesure où celle-ci présuppose pour exister l'existence du réel dont elle est conscience. Comme l'écrit significativement le mathématicien philosophe Whitehead, auquel Ruyer renvoie souvent :

> Le principe que j'adopte est que la conscience présuppose l'expérience, et non l'expérience la conscience. Il s'agit d'un élément spécial dans les formes subjectives de certains sentirs [*feelings*][3].

1. Voir J.-P. Sartre, *La transcendance de l'Ego. Esquisse d'une description phénoménologique* [1936], Paris, Vrin, 1992.

2. Tous ces penseurs étaient alors lus, commentés et même invités en France, par exemple à la Société française de philosophie.

3. A. N. Whitehead, *Procès et réalité. Un essai de cosmologie* [1929], trad. D. Charles *et alii*, Paris, Gallimard, 1995, p. 117-118.

Très présentes dans l'*Esquisse d'une philosophie de la structure*, mais aussi dans *La conscience et le corps*, de telles références voisinent avec celles, critiques, faites à la science allemande et à la pensée française.

Seulement, dans l'*Esquisse*, la thèse de 1930, Ruyer ne s'interrogeait pas suffisamment sur la nature du regard ainsi constitué, sur le sens de la conscience formée par là. Il s'y emploie dans le courant des années 1930. Et il fait alors une découverte décisive, dont il appréhende les contours dans les pages du livre de 1937, en parlant du caractère « psychoïde » de la conscience[1]. S'il était apparu clairement au terme de l'*Esquisse* que toute conscience est une structure, Ruyer a compris, à mesure qu'il approfondissait le sens de la conscience, que toute structure a, ou mieux *est*, une conscience. Comme il le dira plus tard en revenant sur son parcours, alors qu'il était jusque-là partisan que « l'être est structure spatio-temporelle et rien d'autre », il en vint à se représenter que « tout domaine structural, en lui-même, est une sorte de champ de conscience, de conscience-être ». Un tel « réalisme de la structure-conscience », pour lequel « un organisme, même sans cerveau et sans système nerveux, est un domaine structural » – « il est déjà, en lui-même, conscience-être[2] » –, suppose une modification fondamentale du sens de la structure, un dépassement des définitions de l'*Esquisse*, en particulier un refus de l'identification de la structure mécaniste et relativiste conçue comme spatio-temporelle et des formes constituant le fondement de la réalité. En vertu du « mécanisme » de 1930, les formes étaient définies

1. *CC*, p. 150, 153.
2. R. Ruyer, « Raymond Ruyer par lui-même » [1963], *Études philosophiques* 80, 2007/1, p. 6.

comme des structures, et la conscience comme une reproduction structurelle dans le cerveau des formes-structures hors du cerveau. Il apparaît cependant qu'il y a plus profond que les formes-structures : il existe, sous les structures et les conditionnant, des formes que Ruyer va qualifier de « formes vraies », de « domaines de survol » ou « domaines d'auto-survol ». Ces formes ne dépendent pas d'une conscience extérieure pour se constituer comme formes : elles sont et, dans le même temps, sont conscientes d'elles-mêmes. En elles, l'en-soi et le pour-soi chers aux lecteurs français de Hegel se confondent. On ne pourra pas dire pas que la réflexion vient compléter par médiation un donné premier, car le donné se comprend lui-même immédiatement. Comme le dira Ruyer avec force après la guerre : « Tout réel se possède lui-même ; autrement, qui donc le posséderait ? »[1].

La conscience n'est pas seulement réduplication mentale de structures mécaniques objectives, elle est elle-même forme vraie, objectivement présente dans le monde, condition de possibilité – ou de réalité – du « partes extra partes » matériel que Ruyer tenait initialement pour la forme de la réalité. Dès lors, la structure physique au sens de l'*Esquisse* est rabaissée au rang de « forme réelle dégradée par la connaissance »[2]. Elle résulte d'une sorte d'opération de mise en perspective de la forme. Si elle « n'est pas complètement arbitraire », elle représente seulement une ombre de la réalité, fonction de la perspective selon laquelle on observe la réalité. La forme elle-même n'a besoin pour exister d'aucune perspective extrinsèque, elle est le fait de liaisons psycho-organiques

1. R. Ruyer, *Néo-finalisme*, *op. cit.*, p. 96.
2. *CC*, p. 57-58 pour les citations de ce paragraphe.

fondamentales. De ce point de vue, elle diffère du tout au tout de la structure au sens de 1930 : « il faut bien que les structures du monde des objets correspondent à des formes, c'est-à-dire à des structures absolues dans le monde des êtres », mais « il y a moins dans la structure [de la physique] que dans la forme, moins dans l'objet connu que dans son être ».

Le corps est le lieu d'activités conscientes d'elles-mêmes, même si les philosophes ont l'habitude d'entendre tout autre chose par conscience, et s'ils sont spontanément portés, depuis l'idéalisme allemand, à identifier conscience et réflexion. Peut-être est-ce pour cette raison que Ruyer se décide dans *La conscience et le corps* à forger ces expressions conceptuelles dont il ne cessera de préciser le sens et la portée : les formes sont des « domaines de survol », des « surfaces absolues » ou « vraies », des « subjectivités d'ensemble » et « inconscientes », ou encore des « auto-subjectivités »[1]. Il entend signifier par là que tout vivant agit, sait qu'il agit, et même sait ce qu'il fait en agissant. L'exemple le plus clair, qui sera repris et prolongé dans *Néo-finalisme*, est celui de la sensation visuelle[2]. Pour être conscient de ce qui entre dans mon champ visuel, je n'ai nul besoin d'effectuer un pas de côté ou d'admettre une position de surplomb. Je suis immédiatement conscient de ce que je sens, je ne fais qu'un avec ce que je perçois. Il est bien vrai qu'une conscience peut être prise *sur* les phénomènes, et c'est précisément ce qui peut donner lieu à une science de la sensation : « L'impression de distance est le sous-produit de la transformation d'une surface

1. *CC*, p. 82-83, 91-94, 105, 121-122, 152-161.
2. *CC*, p. 78-94 et *Néo-finalisme, op. cit.*, p. 107-122.

absolue en surface-objet »[1]. Mais une telle conscience
est dérivée, elle se constitue à partir du champ visuel et
de la conscience immanente que ce dernier suppose. Loin
que la conscience transcendantale soit nécessaire pour
assurer la consistance de la sensation, c'est la sensation et
la conscience qui lui est adhérente qui rendent possibles
le décrochage transcendantal : « Le caractère progressif
de l'émergence du "Sujet" dans la subjectivité est une
preuve de plus de son caractère illusoire »[2].

Le mouvement théorique initié par Ruyer, la vection
de sa pensée, sont diamétralement opposés à ceux de la
phénoménologie française. Celle-ci mettait à distance la
sensation et ses conditions organiques de fonctionnement,
en décrétant que les mouvements sensori-moteurs et
les élans de l'affectivité prennent sens seulement pour
une conscience. Sartre estime ainsi que, « [s]i nous
voulons fonder une psychologie il faudra remonter plus
haut que le psychique », jusqu'à sa « source », à savoir
« la conscience transcendantale et constitutive ». Et il
ajoute : « Nous ne nous perdrons pas d'abord dans les
faits physiologiques parce que précisément, pris en eux-
mêmes et isolément, ils ne signifient *presque* rien : ils
sont, voilà tout » ; « [...] l'émotion n'existe pas, en tant
que phénomène corporel »[3]. Ruyer pour sa part n'hésite
pas à s'enfoncer dans le concret de la physiologie,
l'épaisseur de la corporéité, et à affirmer que « l'âme
est la forme "en soi" du corps »[4]. Cela ne signifie pas
que Ruyer défende un matérialisme réductionniste : il

1. *CC*, p. 85.
2. *CC*, p. 92.
3. J.-P. Sartre, *Esquisse d'une théorie des émotions* [1938],
Paris, Hermann, 1995, p. 18-19, 25, 28.
4. *CC*, p. 101.

ne réduit pas le « supérieur » (l'âme) à l'« inférieur » (le corps), mais signale au contraire que l'inférieur est d'emblée travaillé, animé au sens propre du terme, par le supérieur. Tout autant que la conscience est coextensive au champ de la sensation, la pensée est immanente au cerveau, qui se pense lui-même en fonctionnant. À ce titre, les expressions de « survol » ou de « surface absolu » s'appliquent particulièrement, éminemment, au cerveau : l'activité cérébrale se possède elle-même ; aucunement dominée par la conscience et la pensée, elle représente à elle seule un domaine d'auto-subjectivité.

Dans *La conscience et le corps*, Ruyer défend des positions actualistes, conformes aux idées de Samuel Butler, l'auteur de *La vie et l'habitude* et d'*Erewhon* qu'il a toujours apprécié. Ce dernier est d'avis que les formes sont données dans l'actualité, qu'elles sont enveloppées dans le « proche en proche » de l'étendue actuelle. Mais l'explication est particulièrement difficile à concevoir pour les êtres vivants, car il faudrait qu'ils soient préformés dans le germen à partir duquel ils se développeront, qu'ils soient présents ici et maintenant à titre de points-instants de la structure spatio-temporelle qu'Einstein a décrite dans la théorie de la relativité et à laquelle Ruyer s'est attaché dans l'*Esquisse*. Comment toute la lignée des vivants à venir pourrait-elle être d'ores et déjà présente dans le monde à titre d'actualité ? L'accepter reviendrait à admettre que l'on peut aller à l'infini dans l'actuel. C'est là une solution à laquelle Ruyer a du mal à souscrire. Dès lors, il en viendra progressivement à admettre qu'une profondeur virtuelle double l'actualité en permanence. Mais il aura fallu pour ce faire que la considération du vivant ait définitivement pris le pas sur le repérage des phénomènes psychologiques ou « psychoïdes », et que la doctrine physique d'arrière-plan ne soit plus la théorie de la relativité mais la mécanique quantique.

La mue virtualiste sera quasiment achevée à la veille de la Seconde Guerre mondiale. Il ne fait pas de doute que cette mue est amorcée à la fin de *La conscience et le corps*, lorsque Ruyer déclare vouloir « marquer les rapports du biologique au psychologique » ou s'installer dans le « rapport psycho-organique »[1]. Dès 1937, il estime que « la conscience est reliée à la subjectivité d'ensemble de l'être vivant » et que « l'embryogénie du système nerveux » est le « meilleur fil conducteur que nous ayons dans cette question ». Mais il juge également que la différence entre l'« unité-organisation » du corps et l'« unité-conscience » « nous échappe encore en grande partie »[2]. La raison en est que « [l]a biologie est sans doute pour longtemps encore la zone la plus obscure du système des sciences, et la philosophie ne peut l'aborder que d'une manière oblique »[3]. Toutefois, il ne faudra pas longtemps pour que Ruyer attaque de front l'embryologie et se rende compte des lumières que cette partie de la biologie peut apporter à sa psycho-philosophie. Durant le conflit, Ruyer sera interné dans un camp de prisonniers allemand. Il assistera alors, au sein de l'université qu'il a contribué à organiser et dans laquelle il intervient lui-même, aux cours de l'embryologiste Étienne Wolff, futur professeur au Collège de France. Ces leçons achèveront de l'engager dans la prise en considération des phénomènes vitaux. Il approfondira dès lors son virtualisme, qu'il précisera dans les deux grands ouvrages rédigés en camp

1. *CC*, p. 150, 163.
2. *CC*, p. 154.
3. *CC*, p. 149.

et publiés à la Libération, *Éléments de psycho-biologie* en 1946 et *Néo-finalisme* en 1952.

L'œuvre de Ruyer présente une évolution interne remarquable, depuis des prémices à la fois épistémologiques et psychologiques consonantes avec les préoccupations de l'entre-deux-guerres. Pouvait-elle être lue et reçue après-guerre comme elle le méritait ? Ce n'est pas évident, pour les raisons qu'on a dites, la succession des vagues – ou des vogues – de l'existentialisme et du structuralisme. Il se pourrait cependant que la survivance en France de préoccupations épistémologiques, couplée à la réception de la logique puis, à partir des années 1980, de la métaphysique analytiques anglo-saxonnes, rendent enfin audible l'originalité de ses propositions théoriques. La postface de Fabrice et Jean-Pierre Louis entend rendre compte de cette « actualité » de la pensée ruyerienne, et singulièrement de l'ouvrage de 1937 *La conscience et le corps*.

RAYMOND RUYER

LA CONSCIENCE ET LE CORPS

Première partie

LES DOCTRINES

Le problème des rapports de la conscience et de l'organisme paraît encore souvent ne faire qu'un avec le problème des rapports du subjectif et de l'objectif. Il a été longtemps classique de présenter ainsi les choses : « Un fait psychologique, dit-on, a ceci d'extraordinaire, il a cette propriété unique, exceptionnelle, qu'il a deux faces et qu'il peut s'exprimer en deux langages, en deux versions, l'une physiologique et objective, l'autre psychologique et subjective ».

La première version a pour elle l'autorité de la science, objective dans tous les sens du mot. La deuxième a pour elle l'autorité non moins forte de l'intuition. Le plus curieux, c'est que chaque version se suffit apparemment à elle-même, forme une chaîne causale autonome.

La plupart des philosophes considèrent que c'est là une situation scandaleuse pour la psychologie. Ils ont essayé de la dénouer de diverses manières. Sans parler :

a) du parallélisme, qui est moins une doctrine qu'un postulat, les doctrines principales sont :

b) L'*épiphénoménisme*, qui admet le parallélisme, mais qui dénie toute efficacité propre à la série subjective.

c) Le *spiritualisme dualiste* ou la théorie du cerveau-instrument, qui admet la réalité du subjectif et de l'objectif et qui nie le parallélisme. Il fait du corps l'organe de l'esprit.

d) Une thèse très à la mode aujourd'hui, le « *monisme neutre* », nie l'existence réelle de l'objet comme celle du sujet, et il en fait une construction abstraite, opérée à partir de cette réalité neutre qu'est la sensation.

C'est la thèse de Mach, de James, de Binet[1], de Russell[2], d'une partie des néo-réalistes américains[3]. La négation d'une réalité correspondant à l'« objet » remonte en somme à Berkeley pour lequel l'objet n'est qu'un agrégat de sensations, et la matière une abstraction. On présente encore souvent cette thèse comme un progrès décisif – ce que certes elle n'est pas.

e) La thèse de l'*idéalisme critique*[4] peut être rapprochée de la thèse moniste, mais elle maintient le dualisme « épistémologique », c'est-à-dire la distinction, dans toute connaissance, d'un contenu de pensée, et d'un sujet pensant.

f) Enfin une cinquième thèse consiste à admettre l'*inverse de l'épiphénoménisme*. Les subjectivités seules (nous ne disons pas les sensations) sont réelles. Là où nous mettons des existences objectives, il existe des subjectivités, soit analogues à la nôtre, soit différentes de la nôtre.

On remarque que cette thèse accepte en un certain sens le parallélisme, mais un parallélisme qui est devenu purement virtuel. La théorie n'est pas nouvelle : le

1. Mais Binet mêle au monisme neutre, des éléments étrangers (*L'Âme et le corps* [Paris, Flammarion, 1905]).

2. Sauf dans ses derniers ouvrages.

3. Nous n'osons ajouter « de Bergson » parce que sa position est curieusement intermédiaire entre la thèse (*c*) et la thèse (*d*).

4. *Cf*. R. Blanché, *La Notion de fait psychique*, [Paris, Alcan, 1935].

système de Leibniz en a été le premier échantillon. Elle a été soutenue, depuis, sous des formes plus ou moins précises, par une foule d'auteurs. Elle a été reprise récemment par Strong, par Russell (dans ses derniers ouvrages)[1], par Eddington, etc. La solution que nous défendrons se rapprochera beaucoup de cette dernière thèse.

LE PARALLÉLISME

Il n'est pas un philosophe dont la première réaction ne soit de déclarer le parallélisme artificiel et d'y soupçonner une fausse apparence. Cette impression est certes fondée. Mais il est cependant indispensable de rappeler :

a) Qu'il y a au moins une correspondance générale entre la conscience et le comportement, entre l'émotion, par exemple, et son expression, ou, comme l'a remarqué Köhler[2], entre « toutes les formes de développement dynamique se produisant dans nos expériences subjectives, et les formes semblables d'expérience objective dans le champ sensoriel d'un observateur ». « L'hésitation, le manque de détermination intérieure deviennent visibles sous une forme évidemment semblable à celle considérée comme expérience subjective[3]. » « Dans l'expérience objective aussi bien que subjective, nous trouvons des états auxquels les noms de "tension" ou de "direction" peuvent être appliqués[4]. » Même Bergson, qui a si vivement critiqué le parallélisme, admet que le corps

---

1. *Analysis of Matter* [London, Kegan Paul, 1927] et *Outline of Philosophy* [London, Allen & Unwin, 1927].

2. *Gestalt psychology*, [New York, Liveright, 1929,] p. 191.

3. *Ibid.*, p. 192.

4. *Ibid.*, p. 193.

« joue » l'esprit, exécute une pantomime sur les thèmes de l'esprit ;

b) Que l'hypothèse paralléliste est très loin d'avoir perdu son « rendement » expérimental. Ainsi que l'écrit Jaspers[1], qui n'est pas cependant paralléliste : « Le corps et l'âme forment, jusque dans le moindre phénomène particulier, une unité indissoluble ; … il a pu arriver que l'étude du cortex a été commencée, non par des neurologistes, mais presque uniquement par des psychiatres. » La théorie des localisations cérébrales, sans faire faillite, comme le croit un préjugé répandu dans le public, traverse bien une crise, mais c'est un autre préjugé, nous le verrons, de croire que le parallélisme demande des localisations précises.

De même qu'il ne faut pas se hâter de proclamer le parallélisme inexistant, il ne faut pas se hâter de le déclarer absurde. D'après Bergson, comme on sait[2], il se révélerait contradictoire, qu'il soit exprimé en langage idéaliste – en termes d'images – ou en langage réaliste. Bergson a raison dans sa critique du langage idéaliste. Mais il a tort lorsqu'il critique le langage réaliste. Essayons du langage réaliste, et prenons comme exemple une sensation de lumière.

Une remarque préliminaire est indispensable ici. On donne quelquefois, pour illustrer l'opposition de l'objectif et du subjectif, l'opposition entre les ondes électromagnétiques du physicien, et la couleur comme qualité consciente. Cet exemple tel quel est défectueux.

---

1. *Psycho-Pathologie générale*, [trad. A. Kastler et J. Mendousse, Paris, Alcan, 1928,] p. 11.

2. *Matière et Mémoire*, [Paris, Alcan, 1986].

La physique étudie les ondes lumineuses, ou les photons, quand ils existent en dehors des cerveaux; la couleur qualité n'apparaît – nous avons du moins de bonnes raisons de le supposer – que là où existe un cerveau. Il ne s'agit donc pas là, en toute hypothèse, de deux faces d'une même réalité, mais de deux réalités différentes. S'il y a parallélisme, il faut le chercher entre le cortex, au moment de la sensation, et la sensation elle-même, ou entre l'onde objet de la physique et l'onde comme réalité existant par elle-même. La preuve, c'est que l'on peut étudier, par les procédés de la psychologie objective, les réceptions visuelles; et cette étude objective ne se confond pas avec l'optique, objective pourtant aussi, des physiciens. La sensation de lumière, d'après l'hypothèse paralléliste correctement exprimée, n'est donc pas la face subjective de la lumière étudiée par les physiciens, c'est la face subjective de ce que nous connaissons, objectivement, comme étage ou partie du cortex quand il a été modifié par ce que nous connaissons, d'autre part, comme onde électromagnétique d'une fréquence donnée. Le problème du parallélisme est déjà assez difficile pour qu'on ne le rende pas insoluble par un pareil décalage. Nous avons donc, d'après le langage réaliste correct, quatre termes :

1 Ondes lumineuses réelles en elles-mêmes	3 Sensation subjective de lumière
2 Ondes connues objectivement par le physicien	4 Aire, ou un certain étage de l'aire de Broadmann comme objet au moment de la sensation.

On voit immédiatement que le langage réaliste ne comporte pas nécessairement, comme le suppose Bergson, l'invocation d'un cerveau réel x qui serait différent à la fois du cerveau-objet tel qu'il est vu et étudié par un physiologiste, et de la sensation consciente de lumière. Le réalisme consiste bien en effet à soutenir que derrière le cerveau-objet il y a le cerveau-être. Mais qu'est-ce qui empêche le réaliste d'identifier ce cerveau ou cette partie du cerveau réel x, avec la sensation subjective de lumière? Puisque nous avons l'intuition de la réalité absolue de la sensation, puisque, par hypothèse, la réalité consciente est parallèle au cerveau objet, il est vraiment injustifié, et même, encore une fois, contraire à l'hypothèse que l'on discute, d'invoquer un troisième terme inconnaissable. L'identification admise – et étant donné que les ondes de la physique, comme l'*area striata*, appartiennent au monde objectif de la science, tandis que les ondes en soi, comme la sensation, appartiennent au monde réel des subjectivités – des quatre termes posés, nous en connaissons trois. Plus exactement, nous connaissons deux termes (2 et 4) et nous intuitionnons, nous « sommes » le terme (3). La sensation de lumière est, à l'écorce, ou à un étage de l'écorce visuelle, ce que les ondes ou photons en soi du réalisme, sont aux ondes ou photons de la physique.

Ainsi le paralogisme signalé par Bergson n'existe plus. La critique de Bergson[1] ne porte que sur un « monisme agnostique » qui ferait de *tout* réel un x. Mais la sensation de lumière est incontestablement une partie de la réalité, ou alors le mot réalité ne signifie plus rien.

1. Comme l'a déjà fait remarquer [C. A.] Strong, *Essays on the natural origin of the mind*, [London, Macmillian and Co, 1930,] p. 168.

Nous ne pouvons donc pas parler du « tout de la réalité inconnaissable en soi » sur lequel s'étendrait « le tout de la représentation ». Notre champ de conscience fait partie de la réalité. Ce que Bergson appelle « représentation » est équivoque et désigne soit le champ de conscience en lui-même comme réalité, soit le monde objectif et purement abstrait tiré de ce champ de conscience. En opposant la substance x à la représentation en général, Bergson ne se conforme donc pas à la véritable hypothèse paralléliste, et il fait un entrecroisement illégitime. Il y a parallélisme entre 1.3 d'une part, et 2.4 d'autre part. La série réelle et subjective : lumière en soi, sensation de lumière, est parallèle à la série que l'on pourrait appeler « de reconstruction scientifique » : ondes de la physique, cortex modifié au moment de la sensation. En résumé, à la formule du parallélisme réaliste, selon Bergson :

$$\frac{\text{tout de notre représentation}}{\text{tout de la réalité inconnaissable}}$$

on doit opposer celle-ci :

$$\frac{\text{objets connus ; cerveau connu}}{\text{réalité des êtres en soi ; intuition de notre conscience}}$$

LE PARALLÉLISME COMME ILLUSION UNIVERSELLE ET NÉCESSAIRE

Mais le seul parallélisme défendable n'est qu'un parallélisme virtuel. Il faut donc le liquider. L'opération est facile si l'on se reporte à la première formule. Des quatre termes posés, deux n'ont qu'une existence idéale, c'est-à-dire sont tirés, par l'abstraction de la connaissance, de notre champ de conscience modifié par la réalité extérieure. Les ondes de la physique, de même que le cerveau de la physiologie, ne sont pas des réalités, mais des reconstructions. Il ne reste donc plus en présence que 1 et 3, qui ne sont pas des réalités parallèles l'une à l'autre, mais plutôt des étages différents de réalités. Ces réalités peuvent naturellement avoir à leur tour entre elles des correspondances partielles (et ces correspondances partielles constitueront la possibilité première de la connaissance), mais elles sont des réalités comme telles parfaitement distinctes.

En somme, la condition pour liquider le parallélisme, c'est de l'étendre à tous les domaines de la réalité, c'est de se rendre compte qu'il n'est pas du tout limité à la psychologie, mais qu'il existe, ou plutôt qu'il paraît exister, partout où il y a, à côté de l'être, connaissance de cet être. Tandis que l'observateur extérieur qui se représente notre cerveau sait, par analogie avec lui-même, que là où sa perception place un cerveau il existe des sensations, des images conscientes, des migraines, etc.; tandis qu'il arrive ainsi naturellement à la notion d'un parallélisme entre la conscience et le cerveau ; tandis qu'en observant celui qui nous observe nous supposons de même une subjectivité derrière son apparence objective – au contraire, lorsque nous observons des objets physiques, comme l'analogie ne saurait plus nous guider, nous oublions de supposer l'équivalent d'une réalité de ces objets, nous méconnaissons que le parallélisme se continue en dehors du domaine de la psychologie, nous méconnaissons que si l'objet physique n'est pas, comme le cerveau, l'apparence d'un état d'âme, il est nécessairement l'apparence d'une subjectivité au sens général du mot.

Nous sommes tentés de nous croire plus fidèles à l'esprit positif en faisant l'économie d'une hypothèse,

surtout d'une hypothèse nécessairement métaphysique :
l'hypothèse qu'une réalité absolue de l'objet est
parallèle à l'objet tel que nous le connaissons. Économie
malheureuse, qui fausse toutes les perspectives, parce
qu'elle nous induit à méconnaître la portée absolument
générale du parallélisme. Nous pouvons élargir la
question humoristique de Strong : « Pourquoi l'esprit
a-t-il un corps ? » en celle-ci : « Pourquoi l'univers est-
il des corps ? » Et en même temps nous nous trouvons
y répondre : L'univers n'est un ensemble de corps que
d'une manière idéale, dans notre champ de conscience –
qui, lui, justement, n'est pas un corps.

Le parallélisme est un sous-produit de la connaissance.
Si donc Bergson ne réfute pas véritablement le parallélisme parce qu'il définit inexactement la position
réaliste, il n'en a pas moins raison de dire que le cerveau
matériel ne produit pas la sensation. Le cerveau matériel
comme tel, le cerveau objet, n'existe pas ; il n'est pas
question qu'il puisse rien produire. Il y a continuité
d'action entre la lumière réelle, notre organisme réel,
notre cortex réel, dont une partie *est* la nappe lumineuse
de la sensation.

L'opposition entre le subjectif et l'objectif que tant
de philosophes considèrent encore comme décidément
mystérieuse et qu'ils se bornent à atténuer verbalement
en affirmant, sans l'expliquer, une identité foncière, cette
opposition est illusoire. Le problème du parallélisme
n'est autre que le problème général de la valeur de fidélité
de la connaissance relativement à l'être sur lequel elle
porte. La question des rapports du subjectif conscient et
du système nerveux, de l'âme et du corps, n'en est qu'un
cas particulier, et privilégié, parce que, sur ce point, nous
avons à la fois l'être et la connaissance de l'être.

LE MONISME NEUTRE ET LA THÉORIE
DE L'HALLUCINATION VRAIE

Le monisme de la sensation proposé par Mach et James, de même que la théorie bergsonienne de la perception, considère, au moins en principe et virtuellement, la sensation comme constituant l'objet même, comme n'ayant donc pas à être projetée, selon le procédé décrit par les physiologistes [1].

Cette conception moniste a eu un grand succès. Non seulement elle semblait indiquer une voie pour échapper au dualisme cartésien, mais encore elle permettait d'éviter la théorie suspecte de l'« hallucination vraie » qui a toujours eu mauvaise presse même quand on ne savait pas la réfuter. Il y a en effet quelque chose de choquant dans cette « théorie de la miniature » [2], dans cette conception d'un microcosme intérieur jouant la comédie de l'extériorité sans cesser d'être une pure copie minuscule du macrocosme [3].

La conception moniste nous paraît cependant être de la plus grande fragilité et la théorie de l'hallucination inébranlable du moins dans la mesure où elle se borne à affirmer la dualité de la sensation et de l'être extérieur auquel se réfère la sensation. Autant le parallélisme entre

---

1. Soit la perception du point P : « Le point P, les rayons qu'il émet, la rétine, forment un tout solidaire ; le point lumineux P fait partie de ce tout, et c'est bien en P que l'image de P est formée et perçue ». (*Matière et Mémoire*, [*op. cit.*] p. 30.) *Cf.* également *Les Deux Sources de la morale et de la religion*, [Paris, Alcan, 1932,] p. 277.

2. Selon l'expression de Jankélévitch. *Cf.* également [H.] Bergson, *La Pensée et le mouvant*, [Paris, Alcan, 1934,] p. 95.

3. L. Brunschvicg est également très sévère pour cette théorie, comme pour Taine en général. *Physique indéterministe et parallélisme* (*Revue de Synthèse*, oct. 1931, p. 33).

le subjectif et l'objectif, entre le cerveau et la conscience, est purement virtuel, autant la correspondance entre notre subjectivité et la réalité des êtres représentés est un fait. Rappelons encore une fois la formule correcte du parallélisme dans le langage réaliste. Notre réalité, la réalité de nos sensations est, d'une part, parallèle à ce qui est, pour un observateur extérieur, notre cortex, ou un étage de notre cortex, et d'autre part correspond à un monde d'êtres différents de nous.

correspondance	
1	3
Lumière en soi	Sensation de lumière
2	4
Lumière du physicien	Cortex

(à droite : parallélisme)

De même qu'il ne faut pas confondre le plan de la correspondance réelle et le plan du parallélisme idéal, il ne faut pas confondre sous le même mot de « désubjectivation » deux opérations très différentes : *a*) soit le passage de 3 à 4 ; *b*) soit le passage de 3 à 2, puis, indirectement, à 1. Le mot est impropre dans ce deuxième sens, car on peut dire que le progrès de la science vers l'objectivité n'a rien à voir avec la définition philosophique de l'objet et du sujet. Quand l'astronome élimine l'influence de l'aberration, de la réfraction, il serre de plus près l'objet en éliminant des influences perturbatrices qui ont des caractères également tout objectifs. Dans les sensations du spectateur, l'écran est déformé selon les lois de la perspective, mais un appareil photographique déformerait selon les mêmes lois. Tenir compte de cette déformation, c'est simplement isoler, suivant les cas, un facteur ou un produit invariable. Étant données les lois de la relativité et l'effet Doppler, ce qui pour un observateur est un cercle d'une certaine couleur apparaît à un autre comme une ellipse de couleur différente. Ici encore deux plaques photographiques animées de mouvements différents peuvent parfaitement être les deux « observateurs » en question. Ce qui est objectif, c'est, dans le cas de la couleur par exemple, le produit de l'énergie par la période. Le passage du monde de la perception ordinaire à l'univers scientifique est un progrès vers l'objectivité, sans être à proprement parler une désubjectivation. La déformation dite subjective que des yeux myopes ou astigmates imposent aux objets perçus peut être corrigée par un appareil physique : une paire de lunettes ne saurait compenser l'action d'un sujet au sens philosophique du mot [1].

Il n'y a de véritable désubjectivation que dans le sens (*a*). Notre connaissance ne peut être dite sans conteste désubjectivante que dans des cas comme celui-ci : quelqu'un souffre d'une migraine ou d'une névralgie, mais au lieu de trouver un mal de tête, nous trouvons une tête en chair et en os. On ne s'en laisse pas moins entraîner à croire que l'on a résolu scientifiquement le problème des rapports de la psychologie et de la physique, alors qu'on a fait simplement la théorie de la désubjectivation

1. On présente encore souvent l'importance prise par l'« observateur » de la physique relativiste comme une sorte de reconnaissance par la science de la priorité de la psychologie ou du problème de la connaissance. Une pareille interprétation repose comme le dit justement Ph. Frank (*Théorie de la Connaissance et Physique moderne*, [Paris,] Hermann, 1934), et comme nous l'avons montré nous-même (*Esquisse d'une philosophie de la structure*, [Paris,] Alcan, [1930]) sur une totale incompréhension de la théorie relativiste. L'« observateur », ici, n'a rien à voir avec la psychologie. C'est un système matériel absolument homogène au « système observé ».

au sens impropre du terme. Parce que, de ma sensation du soleil, je suis remonté peu à peu, par les méthodes de la science, au soleil de l'astronomie, je n'ai pas du tout le droit de conclure que la sensation est l'étoffe commune du moi comme du monde, et que la philosophie doit se débarrasser de « la monstrueuse et inconnaissable chose en soi, cachée derrière les phénomènes [1] ». La marche à l'objectivité dans la science se fait sur un plan homogène. Le système observateur est physique en effet comme le système observé. Mais il ne faut pas transposer cette homogénéité en la faisant passer inconsciemment du contenu objectif de la sensation à sa texture. C'est comme si, après avoir su définir un objet rien qu'en comparant des photographies de cet objet prises de divers points de vue, on concluait qu'alors il est inutile de supposer que l'objet existe et que la vraie substance du monde, ce sont des plaques photographiques.

« Une table, écrit B. Russell, vue d'un endroit, présente une apparence différente de celle qu'elle présente vue d'un autre endroit. C'est le langage du sens commun, mais ce langage suppose déjà qu'il y a une table réelle dont nous voyons les apparences... Ce qui est réellement connu est une corrélation de sensations musculaires et d'autres sensations corporelles accompagnées de changements dans les sensations visuelles » [2]. « Au lieu de supposer qu'une cause inconnue, la table réelle, existe derrière les différentes sensations, nous pouvons

---

1. [E.] Mach, *La Connaissance et l'erreur*, [trad. M. Dufour, Paris, Flammarion, 1908,] p. 23.
2. [B.] Russell, *Our knowledge of the external world*, [London, Allen, 1914,] p. 84-85.

considérer tout l'ensemble de ces sensations comme étant réellement la table » [1].

Le réalisme de James [2], de Mach, de Russell (première manière), celui de tant de philosophes anglais et américains, Moore, Perry, Montague, Alexander, n'est qu'une sorte d'annexion, de débaptisation de l'idéalisme de Berkeley. Au lieu de faire de la matière un ensemble de données spirituelles, l'hypothèse voit dans les sensations de simples parties du monde tout court. Suivant le mode de groupement de ces sensations, ou des perspectives neutres, on aura, soit une chose, soit un esprit. Par exemple, le groupement de toutes les apparences ou perspectives d'une table ou d'une étoile donnée dans des endroits différents sera l'étoile réelle, la chose ; le groupement de toutes les apparences des différentes étoiles dans un endroit donné sera l'amorce d'une « biographie », d'une subjectivité, d'un esprit.

1. [B.] Russell, *Analyse de l'Esprit*, [trad. M. Lefebvre, Paris, Payot, 1926,] p. 98.

2. W. James, *Essays in radical empirism*, [New York-London-Bombay-Calcutta, Longmans, Green and Co, 1912,] p. 11 *sq*. C'est la théorie dite « du double contexte ». Il n'y a rien à chercher en dehors de la sensation, de l'expérience pure. Il n'y a rien à chercher ni « devant » ni « derrière ». Ni « devant » : la conscience désigne une simple fonction, un groupe de relations établies entre les différentes parties de l'expérience. Ni « derrière » : l'objet n'est qu'un état de conscience et entre la couleur comme état psychologique et la couleur comme objet marchand, il n'y a qu'une différence de fonction. De cette double thèse, nous rejetons la deuxième partie, nous croyons que « derrière » l'objet, il y a un être.

Les monistes ont eu une intention louable en cherchant à surmonter le dualisme cartésien. Mais cette intention, ils l'ont très mal réalisée, parce qu'ils ont cru que le monisme ne pouvait être qu'un monisme de la sensation, et parce qu'ils ont rejeté, en même temps que le dualisme, la théorie de l'hallucination vraie. En voulant montrer que le dualisme *philosophique* esprit-matière n'était pas absolu, ils ont cru devoir condamner également le dualisme *numérique* : champ de conscience réalité physique. Pourtant, supposons que l'on veuille montrer à un enfant que les ombres des corps opaques ne sont pas des êtres surnaturels, mais des réalités physiques comme les corps eux-mêmes, on ne se croit pas obligé, pour cela, de soutenir que le corps opaque et son ombre sont *numériquement un*.

La position du monisme neutre (et nous prenons la théorie de Russell comme exemple), nous paraît intenable.

a) D'abord, il est évident que la définition de l'étoile réelle, considérée comme « collection de toutes ses perspectives », malgré son allure logique, se fonde sur une circonstance toute physique : l'émission d'ondes lumineuses par l'étoile [1]. Il est douteux qu'un philosophe aveugle de naissance puisse croire qu'une table n'est que la classe de ses perspectives dans tous les points de l'espace [2]. Lorsque la table est plongée dans l'obscurité,

---

[1]. C'est du reste le reproche que l'on peut adresser à toute doctrine qui fait un sort philosophique à la « perception ». La métaphysique de Leibniz, par exemple, repose sur le fait que les atomes des étoiles, excités ou ionisés par une température de plusieurs millions de degrés, dissipent leur énergie en radiations.

[2]. *Cf.* [B. Russell,] *Our knowledge of the external world*, [*op. cit.*,] p. 94 : « Pour simplifier, tenons-nous en au sens visuel, en laissant de côté les esprits dépourvus de ce sens. »

il faut alors faire appel aux perceptions ou perspectives virtuelles. Mais alors qu'a-t-on gagné ? Russell, en bon logicien, veut, par la négation de la table en soi, faire, comme Mach, une économie de pensée. L'économie n'est guère avantageuse si, au lieu d'une table réelle, nous avons une infinité de tables virtuelles.

b) D'autre part, Russell est obligé de s'engager dans de terribles complications pour interpréter la variation des perceptions en fonction de la distance de l'observateur, en fonction du milieu interposé ; pour définir « la place où est la chose » ; et enfin pour raccorder les perspectives avec l'espace général dont elles seraient, réelles ou virtuelles, les constituants.

c) Il se met en outre dans l'impossibilité d'interpréter d'une façon simple l'étroite ressemblance entre une sensation et une image et de comprendre le rôle du système nerveux. La logique de son système l'oblige[1] à ne voir dans les organes des sens que des appareils de révélation, d'accumulation et de renforcement. Si la sensation est tout, pourquoi un appareil compliqué, qui, dans l'hypothèse, est lui-même une sensation, doit-il la conditionner ?

d) Objection plus grave enfin. La causalité physique, dans tout système réaliste qui nie cependant la réalité d'un objet distincte des perspectives de cet objet, se présente nécessairement sous une forme bizarrement altérée. Supposons un acteur vu par moi. Si je ferme les yeux, ou si l'acteur quitte la scène, l'acteur disparaît également. Russell décide d'attribuer le changement à l'objet dans les cas où toutes les apparences de l'objet – de l'acteur pour les autres spectateurs – subissent des changements connexes. Une loi est dite physique,

---

1. Comme Leibniz déjà.

quand elle « préside aux modifications simultanées des apparences dans les cas qui nous permettent de traiter un objet comme un tout indivisible et de ne pas tenir compte du fait qu'il est un système de détails ». La thèse n'a un air de vraisemblance que par le mot « préside », qui n'est pourtant qu'une métaphore. La métaphore enlevée, on retrouve simplement la vieille théorie de l'harmonie préétablie. Les perspectives d'un objet qui changent simultanément font penser aux mouvements rythmiques de gymnastes. La propagation du son ou de la lumière à partir d'un centre n'est qu'une sorte de trompe-l'œil comme ceux que peut produire un corps de ballet bien dressé.

Il nous paraît donc difficile de ne pas admettre la dualité réalité-sensation. La vogue du monisme de la sensation est d'ailleurs sérieusement en baisse en Angleterre et en Amérique. C.A. Strong qui, dans ses premières œuvres, était encore, selon son expression, « représentationniste » fait, dans son dernier ouvrage, de la critique du phéno-ménisme moniste, le « *delenda Carthago* » de toutes ses études. De même, A. O. Lovejoy soutient que le réalisme a eu tort de condamner le dualisme et que la distinction du *datum* et du *cognoscendum* s'impose si l'on veut tenir compte de faits inintelligibles dans toute autre hypothèse. Enfin Russell dans ses livres les plus récents ne soutient plus que mollement l'hypothèse que nous avons exposée et il prévient le lecteur qu'elle est à prendre « avec un grain de sel[1] », ce qui est une façon de la liquider[2].

1. [B. Russell,] *Analysis of Matter*, [*op. cit.*,] p. 258.
2. Eddington, dans son dernier ouvrage, *New pathways in science*, [Cambridge, Cambridge University Press, 1934,] p. 281, critique très vivement ce pseudo-réalisme, dans lequel s'attardent encore des philosophes comme Alexander.

LA THÉORIE BERGSONIENNE DE LA PERCEPTION

Cependant, en France, la théorie bergsonienne de la perception semble garder tout son prestige. On dirait que, par une espèce de magie, Bergson a modifié notre vision. Nous ne pouvons plus nous empêcher de voir le cerveau comme un simple ensemble de conducteurs dont le fonctionnement fait passer de la virtualité à la réalité l'image qui, dès l'abord, existe sans lui, loin de lui. La théorie de l'hallucination vraie, la théorie des « sensations dans notre tête », nous paraît d'une grossièreté définitivement dépassée. Pourtant, la théorie bergsonienne nous paraît, avec évidence, reposer sur une fausse impression.

Imaginons une Conduite intérieure vraiment fermée. Son conducteur n'a vue sur le dehors que par un périscope qui projette sur un écran intérieur l'image de la route. Ajoutons, c'est très important, que l'objectif du périscope est placé de telle sorte que l'image du capot et des ailes de la voiture se trouve projetée sur l'écran intérieur et encadre l'image de la route. Ajoutons encore que le conducteur est muni d'œillères et qu'il a toujours été dans l'impossibilité absolue, non seulement de sortir de son véhicule, mais de voir autre chose à l'intérieur de la voiture que l'écran et ce qui s'y projette.

Dans une telle situation, le conducteur va avoir l'impression que les images projetées ne peuvent être dans le véhicule. En effet, il dira : « La rue, les passants, les maisons sont des images ; le véhicule, dont apparaissent le capot et les ailes, est une image. C'est donc le véhicule qui fait partie de l'image totale, et non la rue, les passants, qui sont contenus dans le véhicule, puisqu'ils apparaissent les uns à côté des autres. Faire de la voiture et de ce qui se passe à l'intérieur la condition de l'image totale, c'est véritablement se contredire soi-même, puisque la voiture est une partie de l'"image" ».

À un point près, mais essentiel, telle est notre situation. Notre Conduite intérieure, c'est notre boîte crânienne *réelle*. Assis à mon bureau, je distingue mes mains, mes membres, ma poitrine; autour de moi, m'enveloppant, sont les murs de la pièce, et au-delà, une rue, une ville très vaste. Comment donc mon intuition pourrait-elle me laisser croire que ce vaste champ est contenu dans ma tête, puisque ma tête, je l'entrevois, relativement petite, au milieu de ce champ[1]? Sans doute, je ne vois pas mon cerveau; mais il est si facile de prolonger la partie visible de mon corps, en utilisant ce que je sais du corps des autres hommes – presque aussi facile que de remplir le vide produit par le point aveugle. Finalement, j'ai l'impression de me survoler moi-même, et alors, de toute évidence, ma tête, mon cerveau, est à côté de mon bureau, à l'intérieur des murs de ma chambre. Ma tête ne contient que de la substance grise et blanche, elle ne contient pas mes sensations.

Le rapprochement des deux cas est suffisamment éloquent. Notre intuition évidemment nous trompe, comme le conducteur se trompe, et pour la même raison. Il n'y a évidemment aucune contradiction dans le fait que la rue-image, le capot-image de la voiture sont à l'intérieur de la voiture réelle, qui, elle, est à l'intérieur de

---

1. La plus grande partie des enfants interrogés par Piaget se représente le rêve comme existant devant les yeux. Ils sont matériellement dans le rêve : « Moi, je suis dans mon rêve, il n'est pas dans ma tête. » (*La Représentation du monde chez l'enfant*, [Paris, Alcan, 1926,] p. 79.) Ils ne peuvent comprendre que le rêve soit en eux puisque, dans la donnée immédiate de l'imagination, ils y figurent eux-mêmes. « Dans ma tête, on peut pas voir » ([*ibid.*,] p. 98). En somme, les enfants sont bergsoniens sur ce point.

la rue réelle. Il n'y a aucune contradiction dans le fait que les murs-images, mes mains et ma poitrine-image, sont à l'intérieur de mon crâne réel, qui, lui, est à l'intérieur des murs réels de ma chambre.

Si le mot *évidence* a un sens, les physiologistes ont donc évidemment raison contre Bergson. Taine, dit spirituellement L. Brunschvicg, « se condamne lui-même à se battre avec son propre fantôme de l'espace [1] ». Seulement, c'est un fait que nous en sommes tous là. Personne n'a encore pu se passer, pour se diriger dans la rue, de ses fantômes visuels intérieurs [2].

Là où les physiologistes, et quelquefois des psychologues, se trompent, et même fort grossièrement, c'est quand ils s'imaginent que le fait de l'hallucination vraie pose « le grave problème » de l'impression d'extériorité, et quand ils se demandent, à la manière d'un psychiatre contemporain [3], comment « les choses peuvent apparaître comme étant en dehors de nous, alors que nous devrions nous attendre à les voir en nous ». La vision fournit l'image des objets à côté de l'image de mon corps. Il n'est donc ni plus ni moins difficile d'expliquer pourquoi les objets apparaissent extérieurs à mon corps-image, ou à « moi », comme on dit brièvement et incorrectement – que d'expliquer pourquoi ils paraissent à côté les uns des autres. Il n'y a donc pas à expliquer la projection des sensations extéro-ceptives, parce que cette projection n'existe pas. Mais Köhler a si parfaitement exprimé cela

1. *L'Expérience humaine et la causalité physique*, [Paris, Alcan, 1922,] p. 464.
2. *Cf.* [A.] Eddington, *New Pathways in science*, [*op. cit.*,] p. 6. « Quand un objet frappe à la porte (à l'extrémité de vos nerfs), vous ne pouvez mettre votre tête à la fenêtre pour voir celui qui frappe. ».
3. Cité par [W.] Köhler, *Gestalt psychology*, [*op. cit.*,] p. 178.

que nous n'avons qu'à le citer : « Dans l'expérience visuelle, ce crayon, ici, est extérieur à ce livre, il est à une certaine distance de lui... Ma main est dans le même champ visuel en tant qu'objet expériencé... Il n'y a pas la plus légère raison pour traiter la main comme objet visuel, d'une manière différente de celle du crayon ou du livre, ou pour considérer la relation spatiale entre la main et le crayon ou le livre, comme de nature différente de la relation spatiale entre ces deux derniers objets... »

« Si je ne trouve pas de difficulté dans le fait qu'ils apparaissent séparément en divers endroits du champ visuel, je ne puis évidemment en trouver davantage dans le cas où il s'agit de moi comme expérience visuelle dans ce même champ. Aucune expérience nouvelle n'est nécessaire pour expliquer pourquoi je suis extérieur à ces objets et eux extérieurs à moi » [1].

Il n'y a donc pas la moindre difficulté logique, ou contradiction interne, dans la théorie de la sensation-hallucination. Les contradictions se présentent en foule, au contraire, si l'on veut prendre à la lettre la théorie exposée dans *Matière et Mémoire*, qui localise l'image de P au point P, l'image de la planète au lieu même où est la planète. On trouvera dans un livre de Lovejoy [2] une réfutation extraordinairement minutieuse, non pas de Bergson, mais de la théorie des premiers néo-réalistes qui

_____

1. [*Ibid.*], p. 175-176.
2. Lovejoy demande (*The revolt against dualism*, [Chicago-La Salle, Open Court Pub. Co, 1930], chap. II) qu'on lui explique comment ce monisme audacieux rendra compte : 1) de la connaissance actuelle de faits passés ; 2) de la variation des sensations en fonction de la variation de nos organes ; 3) de la diversité des perceptions du même objet vu par plusieurs sujets ; 4) des erreurs des sens (par exemple, la localisation des images derrière les miroirs).

soutenaient, comme Bergson, que la sensation et l'être réel de l'objet ne font qu'un. Contre la théorie de Bergson, considérée dans ses traits les plus particuliers, il semble que le meilleur argument est analogue à celui que nous avons déjà pu opposer à Russell. Comment concevoir le *mode de causalité* par lequel des mouvements dans mon corps, des circulations nerveuses dans mon cerveau, conditionnent l'apparition, là-bas, d'une sensation ? Cette influence causale se propage-t-elle à une vitesse supérieure à celle de la lumière, contrairement au principe bien connu ? Sera-t-elle arrêtée par des écrans ? N'est-elle – c'est plus probable – rien de matériel ? Faut-il même éviter avec soin de parler de propagation, de projection, parce que ce serait retomber dans la théorie de Taine ? Soit. Mais nous craignons que Bergson, qui veut éviter de poser un problème de causalité physique – en faisant du point P et de la rétine « un tout solidaire » –, ne soit obligé, en fait, d'employer la causalité « par participation mystique ». Pour le primitif, le rite magique et son objet forment aussi « un tout solidaire ».

Faut-il donc prendre la théorie de Bergson, de même que celle de Russell, *cum grano sali* ? On le croirait, à constater la facilité suspecte avec laquelle on la réfute. Il ne faut pas oublier que Bergson a bien soin de distinguer entre la perception idéale et la perception réelle qui, en fait, a lieu en nous, la différence entre le fait et le droit tenant d'une part à la sélection en vue de l'action opérée par le corps, et d'autre part à la mémoire.

En conclusion, il nous paraît que les tentatives pour réhabiliter le « réalisme naïf », c'est-à-dire pour identifier la sensation avec l'être de l'objet qu'elle représente, ont toutes échoué. Nous n'irons pas jusqu'à dire que les efforts pour restaurer le réalisme naïf ont été une simple perte de temps. Il n'y a jamais d'effort perdu en philosophie. Mais nous serons complètement d'accord avec Russell lorsque, brûlant ce qu'il avait adoré, il écrit à propos de la thèse qui admet la dualité de l'être extérieur et de la sensation que produit en nous cet être « qu'elle apparaît comme aussi certaine que peut espérer l'être n'importe quelle proposition scientifique [1] ».

Les philosophes n'ont donc pas la moindre raison de se refuser à admettre la conception ordinaire de la perception qui attribue à celle-ci une cause aussi bien qu'une référence extérieure. Si l'on admet la théorie causale de la perception, on est conduit nécessairement à l'idée d'une réalité absolue, en soi, correspondant à ce que nous reconstruisons comme objet à l'aide de nos sensations visuelles et tactiles. L'expression de « chose en soi » n'est évidemment pas heureuse ; elle entraîne trop l'idée d'une substance, alors que, nous le verrons, c'est la forme qui est en soi. Mais, ces réserves faites, il est évident qu'il faut bien accepter l'idée d'une réalité en soi. Si l'on veut échapper à un positivisme étroit et dépassé ; si l'on admet que la science a une valeur réaliste, il faut nécessairement soutenir « que la science se prolonge implicitement, mais d'une manière inévitable, en une métaphysique du réel [2] ».

Nous avons maintenant plusieurs fils à rapprocher : *a*) La sensation n'est sûrement pas la réalité de l'objet qu'elle représente ; *b*) Elle est une vraie réalité, un être

1. [B. Russell,] *Analysis of matter*, [*op. cit.*,] p. 197.
2. R. Poirier, *[Essai] sur quelques caractères des notions d'espace et de temps*, [Paris, Vrin, 1931,] p. 227. C'est d'ailleurs la croyance de la majorité sans doute des physiciens modernes (*cf.* par exemple, M. Planck, *Positivismus und reale Aussenwelt*, [Leipzig, Akademische Verlagsgesellschaft M.B.H., 1931]).

absolu, puisqu'elle est subjective, et il est naturel de s'attendre à ce que cette réalité soit connue (au vrai sens du terme)[1] comme objet ; c) Il n'y a pas de contradiction interne dans le parallélisme, à condition de le considérer comme virtuel et d'identifier la sensation[2] avec notre cortex ou un étage de notre cortex.

La conclusion se dessine. Le champ de conscience est ce qui est connu comme système nerveux. Le système nerveux représente l'apparence, sous forme d'objet, de l'être réel qu'est le champ de conscience. Puisque notre connaissance, malgré des limitations probables et même certaines, réussit en gros à appréhender suffisamment des êtres pour que l'univers des objets ait une cohérence propre, il y a probabilité *a priori* pour que le champ de conscience n'échappe pas à la connaissance et figure à son rang dans le monde des objets. Or le choix de l'objet à identifier n'est pas douteux. C'est le plus élémentaire souci d'économie qui suggère d'identifier, si c'est possible, le système nerveux et plus particulièrement le cortex et le champ de conscience. L'invraisemblance est visiblement pour la thèse qui, en les dissociant, serait obligée de conclure que la sensation est une réalité qui n'est jamais connue comme objet et que le cortex est un objet auquel correspond une réalité x inaccessible. Cet x ne demande vraiment qu'à être éliminé. Il est tout simple

1. Rappelons que l'intuition de la sensation n'est appelée « connaissance » que par abus.

2. Nous parlons de la sensation à titre d'échantillon d'état de conscience en général. Il ne saurait être question de la considérer comme un élément.

de considérer le cortex [1] comme la conscience connue (et non intuitionnée dans son être) : donc une seule réalité, et de cette réalité, une seule connaissance proprement dite. Connaître scientifiquement, par exemple, l'image consciente d'une nappe lumineuse, c'est étudier expérimentalement l'aire visuelle de l'encéphale. Autrement, le régime juridique de la propriété tel qu'il est en vigueur dans le monde du sens commun serait bien étrangement perturbé dans le domaine de la psychologie.

Nous sommes donc, comme tous les êtres, de pures subjectivités. Notre organisme lui-même (système nerveux exclu) est un ensemble de subjectivités, d'un ordre différent de la subjectivité consciente. Nous ne sommes objet qu'en apparence, c'est-à-dire que notre corps n'est un objet qu'abstraitement, dans la subjectivité de ceux qui nous observent (ou même, partiellement, dans la nôtre, lorsque nous nous regardons dans un miroir, ou que nous nous entrevoyons comme image particulière dans notre champ visuel). Nous ne sommes pas, et les autres êtres ne sont pas plus que nous, réellement incarnés. La dualité du corps et de l'esprit est illusoire, *parce que nous n'avons pas de corps*, parce que notre organisme n'est pas un corps. De même qu'un acteur peut, sans que les spectateurs le remarquent, incarner dans la même pièce deux personnages différents pourvu qu'ils n'aient jamais à paraître en scène en même temps, nous ne remarquons pas que le corps et l'esprit n'existent jamais ensemble sur le même plan. Nous ne connaissons jamais que le corps des autres ; nous n'intuitionnons

1. Ou un certain étage de liaisons du cortex. Il est bien évident qu'il y a toute une physiologie du cerveau (irrigation sanguine, par exemple) qui ne correspond directement à rien dans la conscience.

jamais que notre conscience. Si nous connaissons aussi notre corps, c'est par suite de la disposition physique de nos organes, et aucune conclusion philosophique n'en peut être tirée ; la sensation comme intuition n'étant pas, même dans ce cas, sur le même plan que son contenu objectif. Si nos yeux étaient placés de façon telle qu'ils ne puissent saisir aucune partie de notre corps, si nos mains ne pouvaient toucher que des êtres différents de nous, si les miroirs n'existaient pas, nous serions beaucoup moins portés à tomber dans l'illusion de la dualité corps-esprit. Nous saurions simplement, par le témoignage de nos voisins, que nous sommes corps pour eux, comme ils sont corps pour nous, et nous serions peut-être tentés de juger, avec raison, que notre intuition vaut bien leur connaissance, et que l'« incarnation » n'est qu'un cas d'illusion réciproque.

L'hypothèse à laquelle nous sommes conduits par l'examen critique des doctrines précédentes est donc un épiphénoménisme retourné. Toute la réalité, toute l'efficacité, appartient au subjectif. L'objectif n'est qu'un épiphénomène, qui, par lui-même, n'est ni réel ni agissant. Le monde des objets comme tels n'est rien en dehors des consciences des animaux et des hommes, puisqu'il ne se définit qu'abstraitement dans ces consciences. Les consciences supprimées, le monde physique ne s'évanouit pas : il n'y a plus d'objets, mais la vie personnelle et subjective des êtres continue.

Nous ne pourrons donc pas opposer, sauf pour la rapidité de l'expression, et alors il faudra prendre garde, le physiologique au psychologique, comme s'il s'agissait de l'opposition de l'objectif au subjectif ; la réalité physiologique n'est pas plus objective que la réalité psychologique, elle est simplement une subjectivité d'un autre ordre; leur intercausalité est toujours dans le plan du subjectif.

Cette hypothèse, encore une fois, n'est pas neuve, puisqu'elle remonte à Leibniz, et qu'elle est reprise aujourd'hui sous des formes diverses et plus ou moins radicales par Strong, Russell (dernière manière), et même par quelques physiciens. Nous osons croire, toutefois, qu'elle n'a encore jamais été mise sur des bases correctes[1], et qu'elle demande, pour cesser d'être, sur bien des points, illogique et invraisemblable, d'une part un nouvel examen du mécanisme de la connaissance, et d'autre part une distinction précise entre la subjectivité en général et la subjectivité consciente.

LA THÉORIE DU CERVEAU-INSTRUMENT

L'examen critique de la thèse spiritualiste ou, pour être plus précis et en même temps pour nous tenir sur le terrain de la psychologie, la théorie du cerveau-instrument, devra être plus minutieux, ou du moins demandera de plus longues préparations.

La thèse prétend rejeter le parallélisme, réel ou virtuel. Puisque l'illusion du parallélisme est liée à la connaissance, c'est par l'examen de celle-ci qu'il faut amorcer notre critique.

---

1. C'est Strong qui se rapproche le plus de ce que nous croyons être la conception vraie, mais avec des prémisses philosophiques très contestables, puisqu'il insiste sur « the inefficacy of mere forms » (*Essays on the natural origin of the mind*, [*op. cit.,*] chap. V).

a) *Les limites de la connaissance*

Comment s'effectue la conversion, par la connaissance, d'une subjectivité en objet ? Il est aisé de soupçonner que cette conversion laisse un déchet, et il est permis d'espérer que l'étude de ce déchet nous éclairera sur les rapports entre la conscience et le cerveau, puisque nous avons adopté l'hypothèse que le cerveau est le champ de conscience connu.

« Sur quelque objet que portent nos observations et nos études, a écrit Cournot, ce que nous saisissons le mieux et le plus vite, c'est la forme... Il semble qu'à ce titre seul la forme aurait dû être inscrite par les philosophes en tête de toutes les listes qu'ils ont dressées des catégories [1]. » Le mot de Cournot n'est vrai qu'à une condition : c'est de remplacer le mot *forme* par le mot de *structure*, la structure étant la forme *connue*.

C'est à chaque instant que nous comparons deux objets pour voir s'ils ont ou non même structure. Les ouvriers ou même les machines, courantes dans l'industrie, dont la tâche consiste à trier des pièces et à éliminer les malfaçons, travaillent sur des structures, c'est-à-dire des formes-relations. Dans ce cas, on ne se préoccupe de la forme qu'en la dissociant, puisque l'ouvrier ne s'intéresse qu'au rapport de la pièce et du gabarit, aux relations en quelque sorte perpendiculaires entre chaque paire de points correspondant aux deux objets. La forme proprement dite, qui fait pourtant la nature propre de l'objet dans sa réalité, est demeurée en dehors de l'opération. On la prend en bloc, on profite de

---

1. [A.-A. Cournot,] *Traité de l'enchaînement des idées fondamentales*, [Paris, L. Hachette, 1861,] § 1.

sa nature de forme, mais on ne la connaît que point par point, comme structure.

Or, les modes les plus raffinés de la connaissance se ramènent à une mise en correspondance analogue à la tâche de l'ouvrier trieur. Connaître, c'est toujours essayer un champ sur un autre champ, une construction hypothétique sur la forme de la réalité telle qu'elle se révèle fragmentairement dans l'expérience. Le mot vérification n'a pas de sens s'il ne signifie « coïncidence conventionnelle », s'il n'est pas synonyme de « lecture d'index », selon l'expression d'Eddington [1].

Mais il faut bien que les structures du monde des objets correspondent à des formes, c'est-à-dire à des structures absolues dans le monde des êtres ; il faut bien que les formes existent par elles-mêmes avant toute opération de triage ou de mise en correspondance. Ce n'est pas la mise en correspondance qui fait exister la forme ; le geste de l'ouvrier trieur, pas plus que la connaissance, ne crée rien. Au contraire il y a moins dans la structure que dans la forme, moins dans l'objet connu que dans son être. Si nous avons la sensation visuelle d'une des pièces qu'essaie l'ouvrier, cette sensation, dans son absolu, est une forme, même si nous sommes un spectateur complètement désintéressé et même si nous ne faisons pas – ce qui, à vrai dire, arrive souvent – un triage, une comparaison mentale – qui nous fait revenir au cas de la structure relation.

---

1. *Cf.* également H. Poincaré, *La Science et l'hypothèse*, [Paris, Flammarion, 1902,] p. 198. Il faut « qu'il y ait les mêmes rapports entre les objets réels qu'entre les images que nous sommes forcés de mettre à leur place ».

Si la structure des objets n'est pas complètement arbitraire [1], il faut bien qu'il y ait dans les êtres, dans leur absolu, de quoi la conditionner, qu'il y ait quelque chose qui, sans être structure au sens abstrait et mathématique du mot, n'en soit pas absolument différent. Soit deux objets de même forme ; leur réalité respective n'est pas faite de : *leur ressemblance abstraite* + 2 x (x étant matière amorphe ou essence d'individualité). Il faut bien que la forme puisse faire à elle toute seule fonction d'être avant de servir de support à une relation de correspondance. La structure n'est que la forme réelle dégradée par la connaissance.

Nous retrouvons précisément cette dégradation sur le plan de la physique. La physique ne connaît que des structures et pourtant elle ne cesse de méconnaître les formes. Le mécanisme, qui pourtant tire toute sa vertu de son caractère d'être une explication par la structure, et qui devrait donc donner lieu à une philosophie de la forme, ne cesse d'être tenté par une philosophie matérialiste et atomistique. Ce que l'on pourrait appeler la « perpendicularité » de la connaissance entraîne inévitablement le découpage de la forme, la croyance que l'élément, l'atome, est le réel par excellence. « L'atomisme physique, dit justement Hannequin, n'est point imposé à la science par la réalité, mais par notre méthode et par la nature même de notre connaissance [2]. » La marche actuelle de la physique semble, il est vrai, donner tort à Hannequin. Après une période où l'atome réel venait comme servir de preuve à l'atome idéal, après

---

1. Ce que le kantisme a trop souvent l'air de supposer.
2. [A. Hannequin,] *Essai critique sur l'hypothèse des atomes*, [Paris, G. Masson, 1895,] p. 26.

l'âge d'or du matérialisme, est venue une période où la physique, ayant dépassé l'échelle atomique, a dû renoncer au matérialisme et se résoudre à construire les atomes eux-mêmes, non avec d'autres atomes, mais avec des ondes, sans support, c'est-à-dire avec des liaisons pures. Mais il n'est pas difficile de montrer qu'il s'agit là moins d'une évolution de la connaissance, que d'un *arrêt* de la connaissance. La physique quantique et la mécanique ondulatoire portent moins sur l'organisation pure – c'est-à-dire sur la forme – que sur les points abstraits singuliers (niveau d'énergie, valeur d'une probabilité, etc.) où peut encore s'accrocher une correspondance de connaissance. La science a renoncé au matérialisme sans renoncer, parce que c'est impossible, à la méthode matérialiste. Lors donc qu'elle trouve indirectement une liaison pure, une forme sans support, on ne peut dire qu'elle connaît, elle encadre simplement une sorte de « blanc » absolu [1]. Cet échec de l'intelligence signifie que la connaissance ne se fait plus que par correspondance imprécise. Le champ de la réalité ne se laisse plus morceler. La forme n'est pas réintroduite dans la science, elle lui impose une frontière.

Les liaisons, quelles qu'elles soient, ne sont jamais à proprement parler connues. Elles demeurent un pur fait.

---

1. *Cf.* [P.] Dirac, *Principes de la mécanique quantique*, [trad. A. Proca et J. Ullmo, Paris, P.U.F., 1931,] p. VI : « On ne pourra vraiment comprendre la signification des concepts récemment introduits en physique qu'après s'être longtemps familiarisé avec leurs propriétés et leur emploi, tout comme s'il s'agissait de notions premières, par exemple, celles d'identité ou de proximité, dont nous devons commencer par apprendre le sens à notre arrivée dans le monde. »

Elles ne sont donc jamais comprises que d'une manière métaphorique et analogique.

a) Que par exemple deux corps soient réputés liés par la gravitation ou par une chaîne matérielle, cela revient au même à ce point de vue, puisque la solidité de la chaîne devra finalement être rapportée, non seulement à la disposition géométrique des chaînons, mais à des forces intérieures dans chaque chaînon ;

b) Il est également puéril de prétendre, comme au XVIIe ou XVIIIe siècle, expliquer la force attractive par des chocs (comme Lesage, par exemple, expliquait la gravitation au moyen de ses corpuscules ultra-mondains), puisque le choc, finalement, doit mettre en jeu des champs de forces atomiques de répulsion et qu'une répulsion n'est évidemment pas plus intelligible qu'une attraction ;

c) Aujourd'hui, il est vrai, un troisième synonyme a été inventé : les forces, et par suite les liaisons sont rapportées à la géométrie naturelle de l'espace. Les deux corps sont liés, pour nous exprimer brièvement, par la courbure de l'espace. Cette interprétation a un grand intérêt scientifique, mais il est clair qu'elle ne change rien à la situation au point de vue de la connaissance. Le temps n'est plus où l'on pouvait considérer l'espace, ainsi que le choc, comme essentiellement intelligible. L'interprétation géométrique des « champs » n'est qu'une interprétation, non une explication[1]. La notion de courbure d'espace fait au contraire apparaître crûment l'inintelligibilité radicale qu'implique la liaison. La

---

1. Poirier a critiqué d'une manière très convaincante la croyance d'après laquelle la substitution de l'« explication » géométrique à l'« explication » par la force serait un progrès décisif d'intelligibilité. Cf. *Essai sur [quelques caractères des notions d'espace et de] temps*, [*op. cit.*,] p. 311.

substitution de l'espace à l'éther, comme support des liaisons, a surtout la valeur d'un franc aveu d'ignorance.

Ce qui contribue principalement à laisser la pensée commune, et par suite la pensée philosophique, dans une demi-illusion sur notre ignorance, c'est que nous savons utiliser et fabriquer des liaisons. Nous nous servons familièrement d'un matériel où les liaisons sont toutes *données* : boulons, vis, colle, crochets, tiges rigides, glissières, cames, courroies, etc. Le maniement, l'utilisation, donnent toujours une vague et trompeuse impression d'intelligibilité. Il serait naïf d'objecter ici que la physique pénètre, elle, dans le détail, et qu'elle fournit, par exemple, une théorie électrique de la solidité et de l'affinité chimique. Le point de convergence de toutes les théories physiques, c'est toujours la définition d'un *champ*, c'est-à-dire, encore une fois, d'un domaine purement spatial.

En conclusion, le progrès scientifique laisse intact le mystère de la liaison. Cela revient à dire, et il ne faut pas reculer devant la conséquence, que nous ne comprenons jamais le tout de rien, puisque les liaisons sont partout, et que même les liaisons d'un « mécanisme » proprement dit (engrenage, mouvement d'horlogerie, système articulé), si on cesse de le considérer d'un point de vue abstrait, ne sont en rien moins mystérieuses que les liaisons à distance, telles que nous les constatons dans la gravitation, les phénomènes infra-atomiques, l'embryogénie, le fonctionnement nerveux. La connaissance à l'état pur ne se suffit donc pas à elle-même, elle n'est jamais intelligible. La physique est toute pénétrée, à son insu, de métaphysique. Elle n'est jamais, du moins dans l'esprit du physicien, purement *behaviouriste*. Le savant comprend le monde physique, au fond, comme nous comprenons une œuvre d'art : par une animation analogique.

Les limites de la connaissance sont les limites même du parallélisme. La différence entre l'être réel, forme absolue, et l'objet, structure dissociée, sera la différence même entre la conscience et le système nerveux. Nous avons une double raison de représenter l'objet en pointillé, d'abord parce qu'il n'est pas réel (le système nerveux, comme objet connu, n'est qu'un abstrait de la sensation du physiologiste), et ensuite parce que, loin de connaître le tout de l'être, nous ne le connaissons que par les « observables ».

a) Si j'observe le mouvement brownien au microscope, le mouvement des particules est inintelligible. « Mais avec un ultra-microscope idéal, pense le savant, je "verrais" les molécules du liquide heurter les particules ; alors je comprendrais sans avoir besoin d'hypothèse. »

b) C'est sous l'impression de tels exemples que beaucoup de biologistes ont cru longtemps que, si l'on pouvait augmenter la puissance des microscopes, le fonctionnement et l'évolution d'une cellule, d'un œuf fécondé, seraient intelligibles. Ils ne le croient plus aujourd'hui. Les expériences des embryologistes, surtout celles qui mettent en lumière des faits incompatibles avec la théorie de la mosaïque et des localisations germinales définitives, mettent pratiquement hors de question qu'un super-microscope ne ferait pas comprendre le « fonctionnement » de l'œuf.

Que signifie au juste la croyance primitive des biologistes ? Très précisément ceci : un fonctionnement de type cinématique, où les mouvements dépendent de liaisons par contact ou par choc, un fonctionnement qui dérive immédiatement de la structure visible, est intelligible. Mais c'est là, nous l'avons vu, un pur préjugé. Augmentons encore, en effet, la puissance du microscope idéal, dans l'observation du mouvement brownien : au lieu de voir les molécules communiquer aux particules leur mouvement par choc, je « verrai » que les atomes n'arrivent pas vraiment en contact, mais qu'ils se repoussent à distance, je « verrai » des électrons sauter sans cause apparente d'une orbite à l'autre, etc. Nous sommes de nouveau bien loin du schéma cinématique. Ce que le microscope nous avait donné, le microscope nous l'enlève – sans compter que nous sommes, de toute façon, en pleine fantaisie, puisque les électrons sont des « inobservables », au sens précis que la théorie de Heisenberg donne à ce mot. L'ancien espoir des biologistes n'avait donc rien de philosophiquement intéressant.

c) Nous sommes bien préparés pour aborder maintenant le cas, tout à fait analogue, du système nerveux. Plus encore que par l'embryogénie, il est vain d'espérer « comprendre » le fonctionnement du système nerveux, c'est-à-dire de prétendre déduire ce fonctionnement de la seule structure « visible » (actuellement ou virtuellement), et de notre habitude des liaisons mécaniques et physiques. Les mouvements constatés du dehors dans le système nerveux devront, on peut le dire *a priori,* être d'un type tout différent des mouvements d'un montage cinématique. *Des mouvements très divers et spatialement isolés devront paraître s'harmoniser sans contact.* Nous n'ajouterons pas *mystérieusement*, puisque le vrai mystère serait que des liaisons de type physique paraissent suffire, rendant ainsi complètement vaine et inexplicable l'intuition de la forme absolue dans la conscience.

Le problème des rapports de l'âme et du corps n'est pas particulier à la psychologie, il existe en physique puisqu'il n'est autre que le problème des rapports de la forme réelle et de la structure visible, et puisque les mouvements des structures visibles, dans la physique contemporaine, ne s'expliquent pas plus, objectivement, que l'harmonisation des phénomènes nerveux. La structure d'un atome, son unité, tout comme la structure et le fonctionnement unifié du cerveau, supposent une « âme » de liaisons inaccessibles à la connaissance.

Quand un animal, devant nous, regarde un arbre, nous ne pouvons intuitionner la sensation qui est dans sa tête ; mais cette sensation, nous pouvons la constater, la connaître, exactement dans le même sens où nous constatons et connaissons scientifiquement n'importe quelle réalité : champ magnétique, propagation d'ondes, tension élastique. Nous connaissons ces réalités par le fonctionnement constatable qu'elles déterminent. Nous constatons la sensation de l'arbre dans la tête de l'animal de la même façon que nous constatons l'arbre lui-même comme système structuré et unifié d'observables. Personne n'a jamais « vu » une sensation réelle dans la tête d'un animal, mais personne n'a jamais « vu » non plus un arbre réel. Dans les deux cas, nous ne voyons jamais que des ensembles d'atomes coordonnés par des liens invisibles.

Il faut choisir : si l'on a la prétention de tout connaître des êtres physiques, l'intuition de la conscience devient inintelligible ; si l'on veut réserver la place de la conscience, il faut reconnaître déjà une trame d'inconnaissable dans le monde physique. Si la science atteint le tout de la réalité, alors la psychologie est de l'ordre du miracle. En psychologie, l'hypothèse réaliste n'est pas un vain luxe, une faute contre la vertu d'« économie de pensée », elle est de stricte nécessité.

b) *Parallélisme et théorie du cerveau instrument*

Le parallélisme dûment limité et interprété comme une illusion inévitable, nous pouvons parfaitement approuver bien des adversaires du parallélisme. Il est bien vrai, par exemple, que « la modification dont le secteur optique est le siège au moment de la sensation est un élément plutôt que l'équivalent de cette sensation[1] ». Il est très exact également que « le psychisme est ce qui subordonne les fonctions nerveuses et ordonne les mouvements élémentaires en ensembles kinétiques orientés vers un but[2] ». Il n'en faut que mieux marquer que, malgré tout, c'est bien un parallélisme – virtuel – qui subsiste. Le décalage entre l'objet et l'être, entre le cerveau et l'état de conscience, n'est jamais tel que les états de conscience puissent être conçus comme libres et flottants dans une sorte de dimension métaphysique du réel, le système nerveux n'étant plus qu'un instrument à son service. « Le rapport du psychologique au cérébral, continue Burloud, loin d'être le parallélisme de deux séries, est exactement le contraire : une bifurcation et une convergence, et même une rivalité fonctionnelle... » Ainsi la grandeur apparente dans la perception est formée par la lutte entre les données physiologiques et les schémas mentaux. Le fait est exact. Il vaut même comme argument contre

---

1. [A.] Burloud, *Revue de Synthèse*, oct. 1934, p. 162.
2. R. Dejean, *L'Émotion*, [Paris, Alcan, 1934,] p. 256.

ce parallélisme mal compris que l'on appelle psycho-physiologique, mais il ne vaut pas contre le parallélisme de connaissance, contre le parallélisme subjectif-objectif. L'interprétation du fait est donc forcée. Les phénomènes physiologiques, même ceux qui ne correspondent pas aux réalités conscientes, sont eux-mêmes, dans leur réalité, subjectifs, c'est-à-dire « en soi ». La rivalité entre le « psychologique » et le « cérébral » est donc une rivalité entre deux étages de subjectivité, rivalité qui, plus ou moins, doit apparaître dans le plan de l'objet et qui apparaît effectivement. Il est bien imprudent de s'aventurer à dire que, dans certains cas, on ne trouvera plus que l'un des rivaux dans le plan de l'objet, l'autre étant entièrement du côté du subjectif inconnaissable. Ce n'est pas absolument impossible, puisque nous ne savons pas si les mailles de notre connaissance ne peuvent être relâchées au point de laisser échapper des blocs entiers de réalité. Mais, même dans ce cas, le parallélisme ne serait pas philosophiquement en défaut, il perdrait seulement de son intérêt scientifique.

Ce serait suffisamment grave, nous l'admettons, si précisément la théorie opposée, la théorie du cerveau instrument, ne se mettait, elle, essentiellement en dehors de toute possibilité d'emploi scientifique.

« Supposons, écrit, avec humour, Broad[1], qu'un homme soit blessé à la tête : avant la blessure, il était d'un naturel gai et bienveillant, après, il est sombre et sujet à des crises de folie homicide. Dira-t-on que la blessure n'a rien changé à son esprit, toujours aimable et gai, mais que le changement dans son cerveau l'oblige à

---

1. [C. D. Broad,] *The mind and its place in nature*, [New York, Harcourt, Brace and Co, 1925,] p. 535.

manifester son enjouement en prenant un air renfrogné, et sa bienveillance en attaquant les gens avec des couteaux à découper ? » Et comment s'arrêter dans cette voie, comment définir la réalité psychologique en termes tant soit peu précis ? Le psychologique ne sera plus qu'une vague « capacité » abstraite, qui dépendra entièrement du corps pour sa détermination. Étrange conséquence du souci d'assurer plus pleinement sa réalité et son autonomie.

On nous dira que cette critique ne s'applique qu'à une forme extrême et crue de la théorie instrumentale. Soit. Mais il faut prendre garde que toute atténuation de cette « crudité » ne pourra être, par définition, qu'un retour au parallélisme, du moins à ce parallélisme limité que nous avons défini. Après une trépanation, le caractère peut changer, mais il change subjectivement autant qu'objectivement. Le trépané n'a pas l'impression d'être un esprit calme qui s'exprimerait bizarrement par la colère, il *est* en colère.

c) *Théorie du cerveau instrument et mémoire*

La théorie instrumentale reprend plus d'intérêt appliquée au cas de la mémoire. Il y a des cas d'amnésie où, véritablement, il semble qu'il faut l'accorder à Bergson, l'esprit se débat avec un cerveau rétif. L'aphasique tâtonne, s'énerve, se rend compte de ses erreurs, rejette un mot défectueux, pousse un soupir de soulagement quand il a trouvé.

Et pourtant, le cas n'est-il pas exactement le même que celui de l'épileptique de Broad ou du trépané ? L'amnésie momentanée de l'aphasique est bien subjective autant qu'objective, et quand le souvenir perdu est retrouvé, il semble à l'aphasique que le changement a eu lieu dans le contenu de son esprit, et non seulement dans son pouvoir d'exprimer aux autres ce qui se passait auparavant dans son esprit [1]. L'aphasique, dira-t-on, *avant* de trouver le mot, a la notion subjective du sens de ce mot. Mais alors, objectivement, il est capable de montrer qu'il possède ce sens, d'employer des périphrases ou de manifester d'une façon ou d'une autre cette possession subjective du sens du mot [2]. Le parallélisme n'est nulle part une hypothèse plus naturelle.

Lorsqu'une idée difficile à expliciter progresse en nous vers son expression définitive, nous pouvons, à chaque étape, donner à un observateur une idée de nos progrès. Comment voir là un conflit entre le corps rétif et l'esprit ? Après le succès, le corps ne donne certes pas l'impression d'un vaincu, il ne fait vraiment qu'un avec le triomphateur. Quand je cherche un mot, il n'y a pas d'un côté, mon esprit et le mot, de l'autre, mon corps ; c'est le mot qui n'est pas donné à mon esprit, à mon être, qu'il soit en lui-même, ou qu'il apparaisse à un autre ; le mot est, si l'on veut, comme la patte de l'animal amputé, qui est en train de se régénérer.

Une référence aussi naturelle à la biologie est l'indice que l'on touche, avec la mémoire, à un domaine très obscur. Il est certain que la mémoire psychologique constitue une grave difficulté pour le parallélisme strict,

1. *Cf.* [*Ibid.*], p. 534.
2. *Cf.* [G.] Dumas, *Nouveau traité de psychologie*, [Paris, Alcan, 1930-1943,] III, p. 414. L'aphasique étudié par Ombredanne et qui cherche à retrouver le mot « intoxiqué » est conscient du sens du mot, mais aussi, il est capable d'employer des synonymes : « J'avais le sang empoisonné — non, ce n'est pas le mot que je veux dire. »

sinon pour un parallélisme limité comme le nôtre. Si le cerveau est le champ de conscience connu, on comprend comment les sensations changent en même temps que se modifie la modulation du cerveau par les excitants sensoriels extérieurs. Mais en quoi consiste la modification cérébrale corrélative au passage conscient d'un souvenir A à un autre souvenir B, et quel est le mode de subsistance de A quand B existe seul consciemment ? Comment A continue-t-il à exercer ce que Gross et Heymans[1] appellent sa « fonction secondaire » ? Le parallélisme n'est pas rompu selon toute vraisemblance, puisque la « secondarité » d'un état de conscience a des effets physiologiques objectivement observables, qui sont du même ordre que son action primaire. Un souvenir subconscient nous contracte, nous donne de l'angoisse respiratoire ; il paraît beaucoup plutôt s'être comme enfoncé dans les profondeurs de l'organisme, tout en restant de nature subjective, que s'être éloigné de lui, vers la base du cône bergsonien, loin du plan de l'action. Toute la difficulté est d'interpréter, dans l'hypothèse paralléliste, la nature de l'état secondaire par contraste avec celle de l'état primaire, et de comprendre le passage d'un état à l'autre.

Il est probable que l'idée devenue subconsciente est descendue à un niveau de forme plus fruste, elle a subi des ruptures partielles de liaisons qui modifient sa fonction objective en même temps que sa réalité subjective mais qui ne l'empêchent pas, le plus souvent, d'exercer une « action secondaire ». L'image est devenue analogue à un centre formateur embryonnaire. Son retour

1. [G.] Heymans, *Psychologie des femmes*, [Paris, Alcan, 1925,] p. 53 *sq.*

à la conscience ne signifie pas la rencontre de deux
êtres : l'image et le cerveau, mais la reconstitution de
l'étage de liaisons supérieur, « l'émergence facilitée[1] »
d'une forme, ce qui explique en même temps la finalité
de la mémoire, du même ordre que la finalité d'une
régénération.

La théorie du souvenir « tout fait » et immuable, du
souvenir conservé comme tel, n'est probablement pas
plus justifiée que la théorie de l'emboîtement des germes.
La restauration du souvenir est une épigenèse.

Il subsiste entre l'état physiologique donné, même
comme réalité en soi, et le souvenir conscient, la même
différence qu'entre le système neuro-musculaire de
l'oiseau et l'action effective de voler. Nous avons suffisamment montré que les efforts pour réduire toute action au
fonctionnement des structures visibles reposaient sur un
pur préjugé, pour n'avoir pas à discuter longuement ici
la thèse qui ramène l'instinct à un pur fonctionnement
d'organe donné, ou les thèses matérialistes analogues du
souvenir. Leur sort est lié à celui de l'épiphénoménisme,
qu'il nous faut examiner maintenant.

L'ÉPIPHÉNOMÉNISME

L'épiphénoménisme est sans intérêt si on prétend
le considérer comme une véritable doctrine[2], mais, en
tant que paradoxe, il marque une date aussi importante

---

1. L'expression est presque contradictoire, mais elle est
imposée par les faits. Cette contradiction est même tout le mystère
de l'embryogénie.

2. Il est amusant de penser que le mot « épiphénomène » a
été inventé par des scientistes qui n'auraient pas voulu parler de
« surnaturel » – alors que ce dernier mot, dit, en latin, la même
chose que le premier en grec.

en philosophie que celle des arguments de Zénon, du Cogito, ou des antinomies kantiennes.

A) Le paradoxe épiphénoméniste, pour l'essentiel, est tiré directement d'une constatation scientifique solide. Soit un être vivant doué de conscience. Toutes les apparences, toutes les vraisemblances imposent l'idée d'une interaction de la conscience et de l'organisme, et pourtant l'expérience prouve, ou tend à prouver, que l'organisme et son milieu immédiat forment un système énergétique clos et dont l'évolution obéit à des lois conservatives. Or, la conscience, bien qu'elle soit si vraisemblablement efficace, n'apparaît à aucun moment et ne peut d'ailleurs se concevoir comme « une certaine quantité d'énergie ».

Nous allons voir que ce paradoxe est très facile à résoudre, mais uniquement dans le sens de notre définition de la subjectivité. Prenons comme exemple de système conservatif le matériel de l'expérience de Joule pour mesurer l'équivalent mécanique de la calorie, dans l'état A (poids élevé), et dans l'état B (poids abaissé). Dans le fonctionnement, l'énergie s'est conservée ; mais a-t-elle eu pour cela le seul rôle efficace dans les changements du système ? Évidemment non. Les liaisons du système ont dirigé son fonctionnement ; elles ont donc été efficaces, tout autant que la quantité d'énergie, quoique d'une tout autre façon. Puisque la conscience n'est pas « une certaine quantité d'énergie », il s'impose donc, pour comprendre son efficacité, de chercher du côté des liaisons.

Mais prenons garde. Pour établir ou pour rompre des liaisons (par exemple pour embrayer les ailettes du calorimètre), il faut encore une certaine quantité d'énergie. *On s'engage donc dans une autre impasse en donnant à la conscience le rôle de contacteur ou d'interrupteur* : l'énergie demandée sera ε et jamais 0. Il n'en est pas de même si l'on considère la conscience, et plus généralement la subjectivité, comme *étant* les liaisons. De cette manière, et de cette manière seulement, le paradoxe est résolu. Des « dispositifs » différents produisent des résultats différents quoique l'on puisse supposer égale la quantité d'énergie mise en œuvre. Quand Ostwald demande à celui qu'il a bâtonné : « Sentez-vous le bâton ou l'énergie ? », et qu'il croit faire la seule réponse scientifique en répondant lui-même : « L'énergie », il méconnaît que l'énergie interne du bâton, son énergie de masse, représente une quantité énorme dans la formule de laquelle figure C^2, le carré de la vitesse de la lumière. Ce que l'on sent, c'est bien le bâton, c'est-à-dire les liaisons qui font sa solidité.

Certes, les forces de liaison « travaillent » pendant le coup (ou pendant la descente du poids). Il n'y a jamais fonctionnement sans évolution, c'est-à-dire sans une vraie déformation. C'est bien ce que nous intuitionnons dans l'action consciente et délibérée ; notre conscience se modifie aussi dans le temps où elle est efficace. Un acte dit « libre » (c'est-à-dire un acte où « travaillent » les liaisons qui forment la conscience) est incompatible avec une conscience figée. Mais la conscience n'est pas motrice, même quand elle se déforme. Elle n'est efficace qu'à la façon d'un mécanisme transmetteur[1]. Elle ne joue pas le rôle d'un aiguilleur orientant la circulation et la dépense énergétique et choisissant entre des voies existant

---

1. La psychanalyse, par exemple, a montré que la conscience ne neutralise pas l'instinct, comme une force équilibre une autre force, elle le dévie, le transfère, l'utilise. La « prise de conscience » est efficace à la manière d'une « articulation » nouvelle.

par ailleurs. On s'obstine à revenir toujours à cette vieille idée qui fait intervenir l'esprit à la faveur d'une solution de continuité dans le trajet nerveux, seule façon, croit-on, d'introduire une différence entre le pur réflexe et l'acte volontaire. Position intenable, car la physiologie ne cesse d'effacer toute différence essentielle entre l'un et l'autre. La conscience n'est autre que l'ensemble même des liaisons [1].

B) « Si l'on supprimait la conscience, le système nerveux restant ce qu'il est, rien ne serait changé dans son fonctionnement. » Ce deuxième argument n'est pas aussi méprisable qu'on l'a dit ; il est même très dangereux pour toute théorie affirmant la dualité de la conscience et du système nerveux. Il tombe de lui-même au contraire si la conscience est la réalité, ou un élément de la réalité du système nerveux, et non pas une réalité à côté ou une lumière enveloppant et éclairant un objet. Dire : « Si la conscience n'existait pas », ce n'est pas faire l'équivalent du geste d'éteindre la lumière dans une pièce, ce qui laisse les meubles en état, c'est rompre d'un coup tout un ordre de liaisons, c'est, pour continuer le même exemple, faire comme s'il nous était donné le pouvoir de supprimer l'état solide des meubles, ce qui les ferait couler dans la pièce comme de l'eau, au lieu de les plonger simplement dans l'obscurité. La conscience

---

1. Même le partisan le plus convaincu de la liberté ne peut prétendre qu'il s'est donné la conscience par un acte libre. Notre conscience, comme toute chose, n'est efficace qu'à condition d'*être*, elle ne se précède pas elle-même dans l'existence. On peut donc supprimer l'« aiguilleur » sans tomber dans un cercle vicieux : ce qui établit les liaisons et par conséquent l'état de conscience nouveau, c'est un autre état de conscience légèrement différent, qui lui-même était efficace selon son être et qui s'est déformé.

n'est pas le *signe* que certains liens ont été établis, c'est la réalité même de ces liens.

La causalité propre du psychologique implique qu'il est un mode de réalité, tout autant que le mode physiologique ou physique. L'épiphénoménisme n'a pas le droit d'être simplement une doctrine psychologique, il doit s'étendre à tous les ordres de causalité. L'activité physiologique des cellules sera un épiphénomène du comportement physique des molécules, puisque les cellules résultent apparemment de la disposition et de l'arrangement des molécules. Celles-ci seront à leur tour épiphénomènes des atomes, etc. Finalement, la réalité ne sera plus accordée, puisqu'il faut bien ne pas aboutir au néant, qu'à un élément et à un fonctionnement élémentaire. L'univers ne contiendra que des pseudo-formes ; il n'aura plus d'étages qu'en trompe-l'œil. Mais quel œil sera donc trompé ?

Tout le monde s'est amusé à penser qu'une plante ou même un homme, complètement « analysé » par un chimiste, n'est plus que de l'eau, du charbon, du soufre, etc. Mais s'il était possible, tout en laissant chaque atome à sa place dans la plante, de l'envelopper d'une gaine de vide infiniment mince, mais parfaitement imperméable à toutes les interliaisons, le résultat serait le même, bien que, grossièrement, l'aspect de plante pût subsister. Nous n'aurions plus un végétal, existant et agissant comme végétal, mais simplement des éléments chimiques. Cette deuxième expérience n'est qu'une expérience mentale. Mais elle est trop semblable à la première, fort réalisable, pour qu'on puisse nous accuser de tomber dans la pure fantaisie.

Le « si l'on supprimait la conscience » des
épiphénoménistes, de même que la mort ou la syncope,
réalise précisément un gainage de même genre que
celui de notre exemple. La destruction d'une liaison
ne peut pas être un pur événement abstrait qui n'aurait
un sens que pour l'observateur d'un objet, et non pour
l'être correspondant à cet objet. Il faut bien qu'elle
implique dans l'ordre réel, une vraie disparition, et
l'anéantissement d'un être concret. Il ne faut pas hésiter
à croire, malgré l'étrangeté de la conclusion pour nos
habitudes matérialistes, que toute rupture de liaison, non
seulement dans un animal ou une plante, mais dans toute
réalité physique, manifeste ainsi la disparition réelle d'un
être authentique et une véritable mort.

L'intérêt capital du paradoxe épiphénoméniste,
c'est qu'on ne peut y échapper qu'en le retournant
complètement. Si l'on veut rendre son efficacité à
la conscience, il faut admettre alors que toute forme
vraie, c'est-à-dire toute subjectivité, est la réalité dont
la structure n'est que l'apparence ; il faut admettre que
l'élément, loin d'être la réalité par excellence, n'est que
le résidu, ou le point de fuite de la connaissance dans le
monde inaccessible de la métaphysique transcendante.

On peut imaginer des cas de « causalité en
épiphénomène ». Dans un piano automatique, la mélodie
n'a pas de réalité ou de causalité propre ; de même,
au cinéma, ce ne sont pas les ombres qui agissent sur
les ombres. Mais de tels cas sont toujours dérivés et
artificiels ; ils supposent toujours la causalité d'une
forme naturelle (film ou bande perforée), en laquelle s'est
transposée une causalité d'ordre supérieur. L'univers réel
ne peut être, dans son ensemble, assimilé à une imitation
d'univers.

DEUXIÈME PARTIE

ESSAI DE SOLUTION

Puisque le cerveau-objet, comme tous les objets, n'a qu'une signification abstraite, il n'est pas question de l'unir ou de l'opposer à la conscience, comme un être à un autre être, alors qu'il en est seulement l'apparence dégradée. Dans le domaine de la psychologie, nous avons à la fois la réalité et la connaissance, le noumène intuitionné, et le phénomène connu. Nous pouvons comparer et apprécier, sur cet échantillon, la portée de notre connaissance, faire une sorte de criticisme expérimental. L'échantillon n'a guère, à première vue, de quoi nous rendre fiers de notre science : si le monde réel ressemble au monde du physicien, autant que notre esprit à notre système nerveux, ce n'est pas très encourageant !

Nous allons voir pourtant que la réalité psychologique *ressemble* plus au système nerveux qu'il ne paraît d'abord. Mais pour s'en rendre compte, il faut à la fois une analyse de la manière d'être du champ de conscience et une théorie du fonctionnement nerveux. Ensuite, le problème de l'« ajustage » est tout résolu.

DÉFINITION DU CHAMP DE CONSCIENCE

On rejette universellement aujourd'hui la conception vieillie d'une Conscience-entité, d'une Conscience pareille à un spectateur. Mais on ne la rejette souvent qu'en paroles, parce qu'elle procède d'une illusion qui n'a jamais été nettement dépistée et qui continue à exercer les mêmes effets.

Prenons comme exemple une perception visuelle. Nous avons l'impression violente, criante, que nous sommes *devant* notre champ sensoriel, que l'étendue sensible est comme un tableau devant nous et que nous le survolons. C'est cela même qui est à l'origine de la question naïve que se posaient autrefois certains physiologistes.

« Les images sont renversées sur la rétine, comment donc voyons-nous les objets droits ? » Cette question suppose que pour avoir une sensation visuelle, il faut regarder notre propre sensation, être en dehors d'elle. Qu'une affiche soit à l'envers, cela a un sens, parce qu'elle est à l'envers relativement à notre corps-vu. Mais l'ensemble de notre sensation n'est évidemment relatif à rien. Il n'y a pas de super-rétine de nature purement psychologique. On sait que Berkeley[1] réfutait déjà l'illusion supposée par la question, mais nous verrons qu'il n'en a pas tiré la conclusion véritable.

Les philosophes se moquent à bon droit de la question des physiologistes, mais ils tombent dans la même illusion quand ils nient la possibilité pour l'étendue d'être par elle-même, en soi, sans être perçue par un sujet spirituel. C'est exactement croire qu'il faut une

---

1. [G. Berkeley,] *Essai d'une nouvelle théorie de la vision*, [*Œuvres choisies 1*, trad. G. Beauvalon *et alii*, Paris, Alacan, 1895,] § 67.

super-rétine psychologique pour percevoir encore nos sensations.

Nous tournons notre tête et nos yeux devant l'étendue qui fait tableau devant eux; nous avons l'impression de manœuvrer pour mettre au point *sur* eux. Cette impression est, bien entendu, acquise, puisque ce qui est primitif, probablement, c'est un défilé de formes dans le champ visuel se produisant en même temps que des impressions cénesthésiques. Mais cette manœuvre donne puissamment l'illusion que nous sommes « un point libre » en présence d'un champ où nous pouvons nous poser, ici ou là, comme une abeille. La mise au point maculaire se conjugue le plus souvent avec une mise au point de l'attention. L'unité toute fonctionnelle de l'attention sensorielle contraste vivement avec la multiplicité offerte, passive, des détails du champ, et renforce l'impression que nous sommes un sujet devant l'étendue. De plus, progressivement, la notion d'un sujet spirituel vient se substituer à l'image de notre corps, qui en reste pourtant le noyau de condensation méconnu.

Nous mettons, dans la manière d'être de la sensation, la *mise en scène* de la perception.

Il est parfaitement vrai que, dans le monde considéré objectivement, notre corps est devant les objets, que notre œil de chair est à distance de l'affiche regardée. Nous pouvons parfaitement parler d'une affiche à l'envers relativement à notre corps, d'une affiche petite, etc. Aussi, le monde des objets représentés, symbolisés dans nos sensations, vient comme distendre nos sensations prises en elles-mêmes. Comme les sensations extéroceptives symbolisent une extériorité réelle, la sensation est comme entraînée par son objet. La physique, aussi bien que la physiologie de la vision, implique incontestablement que l'observateur – notre organisme – est en dehors de l'objet étendu. Pour percevoir commodément tous les détails de l'affiche, il faut se placer à bonne distance de façon à permettre aux rayons lumineux de converger sur la rétine. Si nous voulons avoir la vue générale d'une ville, il faut grimper sur un monument élevé. Nous ne pourrions voir l'affiche, si nous nous placions trop près d'elle ; nos yeux seraient impuissants à accommoder et les bords fuiraient sous un angle trop aigu. Mais toute cette mécanique de la perception, toutes ces manœuvres organiques ne concernent pas notre sensation une fois obtenue. Il faut, parmi bien d'autres conditions, nous placer en dehors de l'objet étendu pour obtenir une sensation : c'est de la physique, non de la psychologie. Une fois atteint le plan de la psychologie, il n'y a pas lieu d'exiger de nouveau cette même condition.

Ce n'est que par une métaphore grossière que l'on parlerait d'un centre de perspective psychologique, qui permettrait la considération de l'étendue et qui empêcherait cette étendue de se réduire en un point. À mesure que nous nous rapprochons d'un mur, notre regard en embrasse une partie de plus en plus réduite ; à la limite, au contact, nous n'en percevrions plus qu'un point. Mais il ne faut pas nous figurer, par une transposition naïve, qu'en supprimant le Sujet, le centre de perspective imaginaire de l'esprit, on nous fait tomber sur un point particulier de cette surface, ce qui aurait pour effet de nous confondre avec lui, en supprimant pour nous, du même coup, tous les autres. Devant une gravure représentant un homme qui nous vise avec un revolver, on s'étonne toujours malgré soi de voir la direction de l'arme nous suivre quand nous nous déplaçons. Cet étonnement vient de notre habitude des scènes à trois dimensions. C'est de même notre habitude de la *mise en scène* de la perception qui nous fait croire faussement à l'impossibilité, pour l'espace sensible, d'exister par lui-même sans un Sujet pour rassembler ses points, pour être le centre de convergence de leur multiplicité.

Il y a des états psychologiques que C.D. Broad propose de nommer « inspectifs » (pour éviter le mot « introspectif » qui serait ici impropre) :

> Choisir et inspecter une sensation organique pour la décrire à notre médecin ou dentiste, essayer de découvrir les qualités apparentes des données sensorielles, auditives ou visuelles – opération très différente de celle qui consiste à découvrir les qualités physiques des objets extérieurs[1].

Supposons que nous « inspections » ainsi notre champ visuel pour étudier notre myopie : comment échapper à l'impression de faire poser notre champ sensoriel devant nous ? Nos propres sensations, ainsi inspectées, nous paraissent lointaines et détachées. L'impression est d'autant plus traîtresse que le moi inspectant paraît, cette fois, complètement détaché du corps ; il paraît être un pouvoir de réflexion pure, indépendant de ses propres sensations. Et pourtant, c'est évidemment une illusion. Que je regarde un cadran d'horloge pour y voir l'heure ou pour remarquer mon astigmatisme, la différence tient seulement à la direction de ma pensée abstraite, à un schéma intellectuel, ou à la « configuration » qui organise ma sensation. Mais l'« esprit », le « sujet », ne manifeste pas plus son détachement de la sensation dans un cas que dans l'autre. Il n'y a pas là une différence plus essentielle qu'entre regarder une photographie pour y reconnaître une personne, ou pour découvrir l'indice

---

1. C.D. Broad, *The mind and its place in nature*, [*op. cit.*,] p. 297-298.

d'un défaut dans l'appareil. Dans les deux cas, je suis en dehors de la photographie que j'examine. Inversement, rien ne prouve que ma conscience soit jamais en dehors des sensations, inspectées ou non pour elles-mêmes.

En résumé, le champ de la conscience, pris en lui-même, est parfaitement homogène ; nous ne le débordons, si l'on peut ainsi parler ni d'un côté ni de l'autre, et nous n'avons pas plus de connaissance intuitive d'une réalité vraiment extérieure que d'un sujet détaché de la conscience. Le « Sujet » n'est qu'une sublimation de notre corps, réduit à l'état de point métaphysique, mais toujours reconnaissable sous son déguisement, et trahissant ses origines toutes matérielles par le rôle qu'on prétend lui faire jouer au mépris de toute logique. Il doit être placé, en effet, en dehors de l'étendue sensible pour que cette étendue puisse lui être présentée. Or, être en dehors d'une surface, c'est être dans l'espace, ce qui est difficilement concevable d'un sujet métaphysique.

Cette négation du « Sujet » n'a rien, philosophiquement, de nouveau ; elle a pour elle les vieilles traditions empiristes. Mais l'étonnant, c'est que l'on n'ait pas aperçu les conséquences révolutionnaires qui s'imposaient sur la nature de l'étendue sensible et de la conscience en général une fois le « Sujet » écarté.

Il faut s'arrêter pourtant sur cette étrange existence de l'étendue sensible : *elle est extériorité et distinction réciproque de parties, malgré l'absence de tout centre de perspective* ; elle est une sorte de *surface absolue*, ce qui heurte violemment en nous le sens géométrique, éduqué par le monde de la perception. Il faut disposer d'une surface pour qu'une ligne soit aperçue comme ligne. Il faut disposer de la troisième dimension, pour qu'un plan

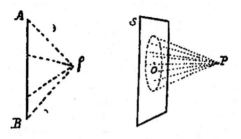

soit aperçu comme plan. Pour moi, observateur situé dans une troisième dimension, perpendiculaire au plan de la page, je saisis à la fois tous les points intérieurs du cercle O. Pour des animaux infiniment plats, qui vivraient sur la page en dehors du cercle, les points de la circonférence seuls seraient visibles. De même, nous ne pouvons voir que la surface d'une sphère, et nous n'*imaginons* pas ce que les géométries à *n* dimensions nous permettent de concevoir quand elles nous font déduire que, pour un être situé dans la quatrième dimension perpendiculaire au volume de la sphère, dans l'hyperespace, tous les points intérieurs de la sphère seraient visibles à la fois. Or, dans le cas de l'étendue sensible, c'est un paradoxe analogue et inverse qui est incarné : il n'y a aucun sujet, aucun observateur, aucune super-rétine, dans une dimension perpendiculaire, et pourtant tous les points, tous les détails de la sensation sont présents, « visibles » à la fois : *c'est une surface intuitionnée sans troisième dimension.*

La difficulté de bien comprendre ce caractère de la sensation extensive est d'autant plus forte que la loi géométrique joue parfaitement, nous l'avons vu, tant qu'il s'agit pour nous, comme organisme, de percevoir un objet. Cette loi ne perd son sens que pour la sensation prise en elle-même. Celle-ci existe en tant qu'*ensemble absolu,*

indépendamment de toute dimension perpendiculaire :
elle n'est pas « à distance ».

Il faut insister sur la contradiction dans laquelle
tombent les psychologues qui, après avoir souligné le
caractère neutre et indifférencié de la sensation brute,
n'hésitent pas à admettre que la vision à une certaine
distance, sinon l'appréciation de la distance, est primitive.
Tous les opérés, comme Villey l'a rappelé [1], sont d'accord
pour déclarer que les objets semblent toucher leurs yeux.
Prétendre, comme Paul Janet et Dunan, ajoute Villey,
que pour l'aveugle, le mot « toucher » n'a qu'une valeur
métaphorique, « c'est vraiment se faire une conception
trop fantaisiste et trop commode de la psychologie de
l'aveugle. Quelques-uns de ces opérés, celui de Franz [2]
notamment, ont montré par leurs réponses qu'ils étaient
intelligents… L'aveugle sans doute ignore ce que c'est
que voir, mais il sait qu'une différence essentielle existe
entre voir et toucher, à savoir que l'on voit de loin, tandis
qu'on ne touche que de près ».

La vérité est qu'il faut se garder de prendre parti
entre Dunan et Villey. Dire que la sensation n'est pas
primitivement à distance, cela ne signifie pas qu'elle soit
« au contact » ; cela signifie que la distance relativement
à elle n'a aucun sens. *Il ne s'agit pas d'une distance O,
mais d'un néant de distance.* Si donc les aveugles opérés
n'emploient pas le mot « toucher » métaphoriquement,
ils n'en font pas moins une interprétation.

Si le sujet n'existe pas, comment peut-on, soit parler
d'un contact avec lui, soit compter des distances à partir

---

1. [P.] Villey, *Le Monde des aveugles*, [Paris, Flammarion,
1914,] p. 172. *Cf.* également *R[evue] Phil[osophique]*, janvier
1935, p. 40.

2. L'aveugle de Franz précisait qu'il voyait les couleurs tout
contre ses yeux. De même les opérés de Chesselden et de Home.

de lui[1]? Pouvons-nous donc nous éloigner ou nous rapprocher de nos sensations? La confusion entre la manière d'être de la sensation et la physique de la vision est flagrante. Nous avons l'impression de la distance, nous adultes, comme nous avons l'impression de la réalité étrangère de l'objet perçu.

L'impression de distance est le sous-produit de la transformation d'une surface absolue en surface-objet. Transformation tout idéale puisqu'elle résulte de la conjugaison du champ visuel et d'un schématisme abstrait; effet tout idéal aussi, puisque, évidemment, la distance psychologique n'est qu'une idée. Dire que l'on voit à distance un phosphène, ce n'est qu'une façon de dire qu'on l'« inspecte ». Inversement, dès qu'un phosphène n'est plus « inspecté », il redevient surface absolue. Si les aveugles opérés cessent, après quelques jours, d'avoir l'impression que les images visuelles touchent leurs yeux, c'est qu'ils transforment ces images en objets. Notion d'objet et impression de distance sont indissolublement liées[2].

---

1. La précocité de certains réflexes chez le nouveau-né et l'animal (l'enfant, dès le 19e jour, regarde dans la direction du stimulus; le poussin picore efficacement presque à la sortie de l'œuf) ne prouve absolument rien ou, alors, il faudrait dire que l'instinct de téter prouve une notion de l'aliment. Même lorsqu'il s'agit de mouvements de préhension beaucoup plus tardifs (16e semaine d'après Preyer), il est bien difficile de dire ce qui revient de ce progrès, à la première apparition de l'idée d'objet ou à la mise au point de réflexes.

2. Si nous les comprenons bien, il nous semble que les conclusions de R. Dejean (*La Perception visuelle* [Paris, Alcan, 1926]) ne sont pas en désaccord avec notre thèse, malgré une philosophie toute différente, et même opposée : l'objectivation schématique crée abstraitement la distance et l'impose aux images.

Lorsque Bergson considère que la spatialité parfaite serait une « parfaite extériorité des parties les unes par rapport aux autres, en une indépendance réciproque complète », il a sans doute raison pour l'espace géométrique, ou plus exactement pour l'espace géométrique substantifié. Cela revient à dire que l'espace-concept, à l'état pur, se détruit lui-même, dans l'atomicité de ses points érigés en absolus. L'idéalisme n'a pas manqué d'en faire la remarque et il propose précisément l'acte unificateur de l'esprit comme remède à cette défaillance de l'espace. C'est corriger une abstraction par une abstraction. L'examen direct que nous avons fait de l'étendue sensible prouve que la définition de Bergson s'applique à un espace artificiel, et que le complément qu'elle appelle est non moins artificiel. Dans l'étendue sensible, chaque détail est localisé, mais c'est une illusion de croire que chaque détail est en lui-même isolé de l'ensemble, comme un prisonnier dans sa cellule, et que seul notre regard spirituel, qui se promène de détail en détail, à la manière d'un visiteur, peut les mettre en relation. Du moment que le regard spirituel n'existe pas, et que néanmoins l'étendue sensible est là comme un tout, il faut bien qu'elle ait en elle-même ses liaisons, ses relations et qu'elle soit un « ensemble figuré » par sa manière d'être immédiate, non par la manière dont elle est connue du dehors.

Cette analyse converge avec les résultats de la *Gestalt-Psychologie*. Dans l'étendue sensible, les éléments, les détails ne sont pas donnés d'abord, ordonnés et localisés ensuite. On parle encore souvent, après Lotze, des « signes locaux », au moins pour l'étendue tactile. Mais, en réalité, c'est parce qu'il y a une étendue tactile qu'il y a des signes locaux : l'imprégnation qualitative de chaque point de notre peau s'est faite après coup et par ses rapports primitifs avec tous les autres points. Lorsque nous plaçons notre main sur la surface d'une table de laquelle une pointe dépasse légèrement, la pointe donne une sensation bien localisée dans la surface tactile. Touchons la pointe seule ; l'impression de localisation persiste, mais c'est parce qu'elle est encore encadrée par toutes les menues sensations qui continuent à affecter la surface de notre main, même quand nous ne touchons rien (température, souffle d'air, contraction et tiraillements de la peau). Si l'on anesthésie toute la peau sauf le point de la piqûre, le résultat est tout différent : le signe local disparaît, preuve qu'il ne préexiste pas à la surface tactile [1].

Si je vois un triangle, et si, par un procédé de laboratoire, un des points quelconques de ce triangle ou du voisinage de ce triangle devient lumineux, ce point a immédiatement une qualité locale parce qu'il fait partie d'un ensemble *per se*. Il y a signe local également si

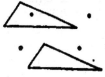

je considère l'ensemble de deux triangles. C'est *parce que* l'étendue tactile ou visuelle existe comme surface absolue que ces détails se trouvent localisés.

---

1. Il est permis de se demander si la fameuse expérience de Head sur lui-même, ne réalise pas exactement ce cas. Au stade protopathique, avant le retour de la sensibilité épicritique, la localisation se fait mal, et la douleur s'irradie dans tout le bras. Mais c'est peut-être simplement que la sensation est *isolée* ; l'irradiation n'est peut-être qu'une interprétation surajoutée et intellectuelle, qui ne peut se produire que chez l'adulte cultivé.

Au triangle vu ou touché, on voit combien mal s'appliquerait ce que Malebranche dit de la figure géométrique :

> La figure en soi n'est rien d'absolu... sa nature consiste dans le rapport qui est entre les parties qui terminent quelque espace et un point que l'on conçoit dans cet espace et que l'on peut appeler, comme dans le cercle, centre de la figure [1].

Ce qui est vrai géométriquement, est faux psychologiquement. Le « Sujet » des philosophes n'est que la transposition illégitime à la psychologie de ce point-centre de la géométrie abstraite.

Il faut donc rapprocher très étroitement conscience et espace réel, contrairement à une longue tradition qui va de Descartes à Kant, en passant par Leibniz et même Berkeley. Contrairement à la thèse de Lachelier « être étendu » et « avoir une sensation extensive » ne sont pas deux choses essentiellement différentes. La différence entre les deux formules correspond à une différence de mode, puisqu'elle n'est autre que la différence entre la Conscience et la « Matière ». Mais la différence est très mal exprimée par l'opposition d'*être* et d'*avoir*. Il s'agit dans les deux cas d'êtres, et d'êtres non dédoublés. La conscience n'implique pas du tout une « appartenance » à X. La distinction que tout le monde avoue indéfinissable entre un état de conscience « sans propriétaire » ou « avec propriétaire » est en effet inexistante. Parler d'un sujet

---

1. *Recherche de la vérité*, [Paris, Flammarion, 1921-1925,] VII, § I.

possesseur n'est qu'une façon défectueuse d'exprimer l'unité absolue de toute réalité consciente.

L'emploi, pour caractériser l'état de conscience d'un verbe réfléchi : « se connaît » ou d'un verbe passif : « est par essence connu », est un bon symptôme. Il décèle toujours la même illusion de l'œil intérieur. Il est extraordinaire que Berkeley, qui a si bien critiqué le « troisième œil » et l'extériorité des données visuelles, emploie néanmoins un verbe, sous sa forme active et sous sa forme passive, pour caractériser l'existence, sans se rendre compte qu'il réintroduit le « troisième œil » dans les désinences du verbe [1].

Nous sommes en mesure maintenant de définir la subjectivité, et nous y arrivons en retournant la thèse de Lachelier [2], qui met les choses à l'envers quand il écrit : « Ce n'est que dans la conscience que l'étendue peut être ce qu'elle est, un tout donné en lui-même avant ses parties, et que ses parties divisent mais ne constituent pas. » Ce n'est pas le « Sujet », l'« esprit » qui rend possible l'étendue. La vérité, toute contraire, est que l'étendue réelle seule permet de parler de « sujet ».

La subjectivité, contrairement à l'étymologie, est *sans sujet*, elle n'est qu'un caractère de toute forme absolue en ce sens qu'elle exprime la non-ponctualité de l'étendue

1. « Par ces mots (*mind, spirit*) je n'entends aucune de mes idées, mais bien une chose entièrement distincte d'elles, en laquelle elles existent, ou, ce qui est la même chose, par laquelle elles sont perçues : car l'existence d'une idée consiste à être perçue. » ([G. Berkeley,] *Les Principes de la connaissance humaine*, [trad. C. Renouvier, Paris, A. Colin,] § 2.)

2. [J.] Lachelier, *Psychologie et métaphysique*, [Paris, Alcan, 1924,] p. 149 *sq*.

sensible. *Il est dans la nature de toute forme de paraître
« se survoler » elle-même. Chaque fois qu'un ensemble
vrai, une vraie forme, un vrai domaine indivisible de
liaisons existe, un point mythique de perspective est
virtuellement créé.*

Nous nous sommes appuyé jusqu'à présent pour
définir la subjectivité sur les états de conscience de l'ordre
le plus élevé : les sensations visuelles et tactiles. Nous ne
tombons pas pour cela dans l'énorme erreur qui consiste à
prendre ces produits complexes et perfectionnés que sont
les sensations représentatives pour les éléments de la vie
psychologique. Nous les considérons, tout au contraire,
de la même manière que les biologistes considèrent
l'anatomie et la physiologie d'un mammifère supérieur :
comme une sorte de « révélateur » des caractères presque
imperceptibles à d'autres niveaux. L'étendue raffinée de
la vue et du tact épicritique au sens de Head et Rivers est
une acquisition tardive et complexe. Mais la conscience
protopathique est plutôt extensivité confuse que qualité
pure. Un agnosique incapable de discerner les formes
analogues, de distinguer le *d* et le *b*, n'en garde pas
moins la possession de l'étendue visuelle, mais devenue
en quelque sorte plus qualitative. Réciproquement, la
sensation qualitative peut être considérée comme une
sorte d'agnosie normale [1]. On assiste à la naissance
d'une véritable qualité chaque fois que la limite des
facultés épicritiques est dépassée. Si j'ai à discriminer

---

1. *Cf.* Delacroix, *Psychologie de l'Art*, [Paris, Alcan, 1927,]
p. 286 : « La perception des formes ou structures est le fait
primitif, et la perception des qualités absolues est comme la limite
d'effacement des formes. »

les deux figures du test de Van Voerkom d'une façon
rapide et industrielle, je me contenterai de les distinguer
qualitativement et non analytiquement. Par exemple,
je remarquerai l'« aspect piquant » de la figure (*a*),
l'« aspect arrondi » de la figure (*b*). Un agnosique y
ayant un grand intérêt parviendrait, lui aussi, à distinguer
les deux figures qualitativement. Ses premiers échecs
même ne prouveraient pas une incapacité absolue, car
par l'exercice, on peut devenir par exemple dégustateur,
et trouver des différences de
qualité là où, primitivement, on
n'en percevait aucune.

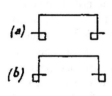

Ce qui confirmerait
encore, s'il en était besoin, ce
rapprochement de la qualité et de
la forme, c'est que l'école de la
Gestalt a historiquement commencé avec les remarques
de von Ehrenfels sur les qualités qui ne peuvent être
que « superlocales » et qui dépendent d'une pluralité
de stimuli ayant un effet spécifique dans un certain
« domaine » : ainsi les qualités de *trouble*, de *rugueux*,
de *velouté*, de *soyeux*, de *lisse*, d'*homogène*, etc.

Nous sommes donc autorisé à croire que notre
conception de la subjectivité repose sur une base suffisamment large. Il n'y a subjectivité que par une forme,
une étendue absolue. Tant que la forme et l'étendue
existent confusément, le « sujet » ne se dégage que
confusément, de même que, dans un dessin maladroit, le
centre de perspective est mal fixé. L'illusion du « sujet »,
de l'« observateur survolant » se précise à mesure que
la sensation devient plus épicritique et que l'étendue se
constitue. Finalement, lorsque, comme chez l'homme, la
sensation, toute pénétrée de schématisme géométrique,

fait vraiment tableau, le mythe compensateur de la Conscience atteint sa plus grande netteté. Alors, même des qualités comme les sons et les odeurs profitent de l'évolution du tact et de la vue, et sont localisées devant cette Conscience, cet Esprit inexistant. Le caractère progressif de l'émergence du « Sujet » dans la subjectivité, est une preuve de plus de son caractère illusoire.

Une ultime généralisation enfin. La figure absolue qui se manifeste confusément dans un rythme qualitatif par exemple ou dans l'habitude, est temporelle et non spatiale. Il ne faut pas hésiter à étendre la critique du « centre nécessaire de perspective » pour une série temporelle ordonnée, figurée, aussi bien que pour une étendue spatiale. D'une façon très cohérente, Lachelier prétend retrouver le Sujet, l'Esprit, dans l'existence du temps, comme dans l'existence de l'espace. « Il n'y a de temps que pour une intelligence qui n'est pas dans le temps [1]. » En d'autres termes, une figure temporelle ne peut exister que « par survol ».

Mais ici, l'illusion de cette pseudo-nécessité devient particulièrement choquante : on conçoit mal ce que peut être une dimension perpendiculaire au temps. De plus, il faudra faire intervenir ce survol déjà dans la constitution du son et de la couleur, puisque les ondes sont successives : ce sujet abstrait et éternel qui doit intervenir pour permettre l'existence du *la* ou du *rouge*, a tous les caractères d'une entité rendue nécessaire par un préjugé, exactement comme l'éther de la physique. Il vaut mieux renoncer à la fois au préjugé et à l'entité,

---

1. Cité par Brunschvicg, *Les Progrès de la Conscience dans la civilisation occidentale*, [Paris, Alcan, 1927,] p. 692.

et accepter l'idée d'une forme temporelle qui se suffit à elle-même [1].

Nous accorderons d'ailleurs [2] que la durée absolue, c'est-à-dire indépendante de toute « vue cavalière », est beaucoup plus précaire que l'étendue absolue. Plus vite que pour l'espace, une construction arbitraire d'ailleurs empruntée à l'ordre spatial doit intervenir pour prolonger la zone étroite où l'intuition suffit. Mais, cette zone méconnue, toute la construction devient inexplicable. L'audition de toute une symphonie ne peut évidemment se passer d'un effort artificiel de rassemblement intellectuel (que nous n'attribuons pas au sujet de Lachelier, mais qui en est l'équivalent empirique). Mais, il n'y aurait pas de symphonie si les thèmes musicaux n'étaient des absolus temporels, analogues aux *Gestaltqualitäten* de von Ehrenfels [3]. La même chose est sans doute vraie des « mélodies kinétiques » qui sont la base indispensable des habiletés professionnelles et de la mémoire dynamique en général. Nous avons une intuition aussi *une* de sauter ou de ramper [4], que d'une figure triangulaire ou

1. C'est cette forme temporelle absolue que Bergson a décrit si remarquablement dans l'*Essai* comme une organisation qui surmonte l'alternative de l'un et du multiple. La pensée de Bergson est ici aux antipodes de celle de Lachelier et l'on s'étonne de voir L. Brunschvicg les rapprocher (*loc. cit.*). C'est cette forme enfin que von Monakow et Mourgue caractérisent comme « localisation purement chronogène » dans la « mélodie kinétique » (*Introduction biologique à la neurologie*, [Paris, Alcan, 1928,] p. 18 *sq.*).

2. En renversant sur ce point la thèse bergsonienne.

3. Spaier a fait observer que même une note isolée implique déjà, sinon une structure, du moins un « fond ». « Car, pour être perçue, ne faut-il pas qu'elle soit distinguée des autres données de la conscience ? » (*La Pensée concrète*, [Paris, Alcan, 1927,] p. 60.)

4. *Cf.* [W.] Köhler, *Gestalt-psychology*, [*op. cit.*,] p. 148.

circulaire. En récitant un morceau appris par cœur, nous avons presque aussi vivement l'impression de dominer la séquence temporelle, que nous nous sentons dominer une étendue sensible. Dans l'un et l'autre cas, cette impression de dominer *dérive* de la nature de la réalité psychologique, et elle n'en est pas du tout la condition.

LE FONCTIONNEMENT NERVEUX

Essayons maintenant de concevoir une sorte de « modèle objectif » de la conscience; il s'agit de savoir si l'on peut interpréter le fonctionnement nerveux de telle sorte qu'il représente l'équivalent objectif d'une « surface vraie ».

Le mieux est de présenter un « modèle » grossier, que nous corrigerons peu à peu d'après les enseignements de la physiologie et de la psychologie expérimentale. Commencer par la fantaisie avouée n'est pas le plus mauvais moyen d'éviter une physiologie et une psychologie de fantaisie.

Tout le monde s'est immédiatement rendu compte de l'analogie curieuse entre le fonctionnement de la cellule photo-électrique et les effets objectifs de la perception. La porte d'un garage, convenablement 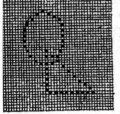 équipé avec cette cellule, s'ouvre quand elle « voit » la lumière des phares de l'automobile. L'analogie est encore lointaine. Elle se précise quand on considère, au lieu d'une seule cellule photo-électrique, un tableau formé par la juxtaposition d'un grand nombre de ces cellules. Choisissons sur ce tableau toutes les cellules dont l'ensemble dessine une figure déterminée : ellipse, triangle, cercle, etc., et faisons commander par chaque ensemble, un déclenchement particulier, de la même façon que l'on choisit un mot pour l'ouverture d'un coffre-fort.

L'automate muni d'un tel tableau réagira donc à la *forme optique* de l'excitant. Il semble que nous sommes ainsi déjà sur un plan différent de celui du « de proche en proche » de la physique. L'emploi d'un tel tableau nous permettrait de « corser » d'une manière impressionnante le fonctionnement du « modèle hydraulique », cartésien, de ces « grottes » et de ces « fontaines » dont Descartes avait tiré un tel parti pour l'explication des fonctions biologiques et nerveuses. Les Diane ou Neptune, au lieu de répondre à un stimulant banal, pourraient réagir selon des modes différents adaptés à la variété des stimulants. Peut-on déjà tirer quelque chose de ce « modèle objectif » ?

A) À première vue, il s'accorde bien avec ce que la *Gestalt-psychologie* nous a appris sur la perception élémentaire, qui porte toujours et primitivement sur une forme indécomposable. Soit cette figure (empruntée à Köhler[1]). On ne reconnaît pas facilement que les figures (2), (3) et (4) sont contenues déjà dans la figure (1), et pourtant, celles-ci existent géométriquement sur la rétine, quand on regarde la figure (1).

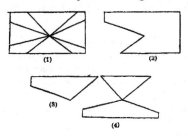

(1)   (2)

(3)

(4)

1. *Cf.* [W.] Köhler, *Gestalt-psychology*, [*op. cit.*,] p. 152.

Ce fait est facile à interpréter dans notre modèle photo-électrique, puisque l'efficacité n'appartient qu'à la forme d'ensemble de l'excitant. Si le mot d'un coffre-fort est *Paris*, la syllabe *Par* toute seule ne commencera même pas à ouvrir la serrure, elle sera inexistante relativement à cette ouverture [1].

B) Il s'accorde bien aussi, à première vue, avec ce que l'on sait de la perception animale. Les expériences n'ont pas confirmé la conception de Loeb, qui réduit la perception chez les animaux à la réception d'excitants concomitants ou successifs, dont les actions séparées sur l'organisme se combinent en une résultante, à la manière de forces matérielles [2]. Le complexe de la sensation possède plus de propriétés que ses parties constituantes, et il ne s'explique pas par les propriétés de ces parties. C'est d'ailleurs pourquoi nous-mêmes, quand nous reconnaissons une personne, tous les traits réunis du visage sont perçus comme un tout. Les expériences sur les abeilles et les bourdons [3] ont montré que la ruche ou le nid est perçu en association avec l'entourage. Les mouches ne sont considérées comme proie par les araignées tisseuses que dans des conditions déterminées (si par exemple on enferme une mouche et une araignée dans une boîte, l'araignée n'attaque pas la mouche). Buytendjik en conclut, avec Lotze, que la différence est

---

1. « On voit d'emblée la figure. Il n'y a que des ensembles organisés dans lesquels les parties reçoivent leurs caractères de leur place et de leur fonction. Analyser les éléments de cette forme, c'est la percevoir selon une autre forme. » Delacroix, *Psychologie de l'Art*, [*op. cit.*,] p. 286-7.

2. [F.] Buytendjik, *Psychologie des Animaux*, [Paris, Payot, 1928,] p. 68.

3. Bethe, Wagner.

absolue entre une association psychologique d'excitations et une combinaison matérielle de forces et que la perception est donc produite par une « activité spirituelle [1] ».

Mais le « modèle » permet de comprendre comment le complexe de l'excitant « possède plus de propriétés que ses parties constituantes ». Les éléments optiques agissant sur le tableau photo-électrique ne se combinent pas en une résultante par sommation banale. Un seul détail manquant empêche complètement l'action. La perception de l'automate, comme celle des animaux, n'est donc pas « construite avec des perceptions élémentaires, mais le tout complexe constitue le primaire [2] ».

C) On peut également risquer un parallèle entre notre automate et le système nerveux. Le tableau mosaïque des cellules sensibles se prolonge en un réseau de fils dont les diverses associations vont déclencher des mécanismes tout montés. Il ne faut pas trop de bonne volonté pour apercevoir l'analogie avec la rétine ou la surface de la peau, prolongée par les faisceaux conducteurs aboutissant eux-mêmes à des zones de réception spécialisées. On peut difficilement échapper à cette idée que le système nerveux, tout au moins dans le domaine des réceptions visuelles et tactiles, est *un appareil destiné à réagir spécifiquement aux formes*, comme notre automate.

La comparaison s'impose également entre le modèle et les « analyseurs sensoriels » définis par les études de Pavlov [3]. L'organisme animal, écrit Pavlov, doit être

---

1. [F. Buytendijk], *Psychologie des Animaux*, [*op. cit.*,] p. 69.
2. [*Ibid.*,] p. 104.
3. [I. Pavlov,] *Les Réflexes conditionnels*, [Paris, Alcan, 1927,] p. 100 *sq.* et chap. XVI.

capable « de décomposer le monde extérieur en ses éléments, et en effet, chaque animal supérieur possède à cet effet des analyseurs différenciés et affinés. C'est ce que l'on appelait jusqu'à présent les organes des sens ». La conception de Pavlov a l'avantage d'insister sur l'unité de fonction de l'appareil récepteur proprement dit et des centres nerveux, inférieurs et supérieurs. Il suffit, à première vue, pour rendre compte en gros des faits accumulés par Pavlov et ses collaborateurs, d'introduire dans l'automate, un perfectionnement qui ne change rien à son principe. Au lieu d'un seul tableau photo-électrique, imaginons une superposition de tableaux de plus en plus fins, capables de réagir à des formes de plus en plus détaillées, et voyons maintenant les faits :

> Les expériences de destruction des hémisphères cérébraux ont mis en évidence un fait précis et important, à savoir que, plus l'extrémité centrale d'un analyseur donné est lésée, plus le travail fourni par cet analyseur devient grossier... Si l'opération ne conserve qu'une partie infime de l'analyseur optique, l'animal n'est plus capable de fournir qu'une analyse très incomplète, distinguant seulement la lumière et l'obscurité... Lorsque la lésion de l'analyseur est moins grave, on peut obtenir un réflexe lié au mouvement, à la forme, etc., l'activité se rapprochant d'autant plus de la normale que la lésion est plus insignifiante [1].

Il en est de même pour l'analyseur auditif : suivant la gravité de la lésion, l'animal ne distingue plus que le bruit ou le silence, puis il distingue les bruits et les sons, puis les grands intervalles (octaves), puis les tons, les demi-tons et les quarts de tons. Chez les chiens normaux, dans la formation d'un réflexe conditionnel, « un

---

1. [I. Pavlov, *Les Réflexes conditionnels*, *op. cit.*,] p. 189.

analyseur déterminé intervient d'abord par son activité générale, relativement grossière, et ce n'est qu'ensuite, par une différenciation progressive, que seule la partie la plus fine de son activité demeure excitant conditionnel. Si par exemple on fait apparaître une image lumineuse devant le chien, au début seule la vive lumière aura le rôle d'excitant, et ce n'est que progressivement qu'on pourra obtenir que l'image agisse seule[1] ».

D) Enfin, notre modèle est en somme un ensemble de conducteurs ; l'originalité de son fonctionnement ne tient qu'au mode d'association de ses conducteurs. Là encore, il est en bon accord avec les tendances actuelles de la physiologie du système nerveux, qui insiste sur l'extrême importance des liaisons ou des syntonies entre conducteurs nerveux, et qui fait déchoir la cellule nerveuse (axone non compris), au rang de centre trophique[2]. Aussi, rien ne semble plus impropre à donner une idée générale des tendances de la neurologie actuelle que la vieille comparaison de Meynert[3], rapprochant la substance grise du cerveau d'un groupe social d'êtres vivants animés, ou d'une colonie « qui se rend maîtresse du corps pour la contemplation et pour l'action ». Le fonctionnement du système nerveux, même dans le réflexe, apparaît de plus en plus comme un fonctionnement d'ensemble. La cellule nerveuse ne figure jamais isolément dans la physiologie utilisable pour le psychologue.

---

1. *Ibid.*, p. 102.

2. Dans une expérience de Bethe, malgré l'ablation des cellules nerveuses du centre réflexe de l'antennule du crabe, le réflexe est conservé pendant un jour.

3. Citée encore par Tournay, dans la 2ᵉ édition du *Traité* de Dumas.

CRITIQUE DU « MODÈLE OBJECTIF »

Dans son « modèle hydraulique » du système nerveux, Descartes introduisait le « fontenier », c'est-à-dire l'âme raisonnable, puisqu'il était dualiste. Notre tableau photo-électrique permet-il le pas décisif ? Peut-il passer pour un modèle objectif du « fontenier » lui-même, de l'esprit, de la subjectivité consciente ? Il est trop clair que la réponse doit être négative.

A) L'accord entre le fonctionnement du modèle et la modalité de la perception est illusoire. Nous avons été obligé de dissimuler un point capital : l'automate muni du tableau « reconnaîtra » une structure donnée, *mais à condition qu'elle se présente dans une position et à une distance strictement* déterminée ; au contraire, l'animal une fois dressé reconnaîtra cette structure sous les aspects les plus divers et à des distances variables. Toutes les expériences sur la perception condamnent la « théorie de la mosaïque ». Des expériences de Köhler ont montré que dans la perception des grandeurs, l'interprétation de la distance est une fonction très primitive. Un enfant de deux ans, un singe et même une poule, savent encore choisir le plus grand de deux objets, même quand l'image rétinienne de celui-ci est devenue, relativement, la plus petite. Lashley et Köhler ont montré également qu'un animal (singe, poussin), entraîné à réagir positivement à l'un de deux stimuli (par exemple au plus foncé de deux gris), choisira presque toujours le stimulus qui, dans une nouvelle paire, joue le même rôle que dans la première, même s'il est différent absolument [1]. Un chien

---

1. Usnadze, disciple de Pavlov, a provoqué de même chez le chien des réflexes conditionnés par des différences d'intensité indépendantes de la tonalité.

dressé par Buytendjik à choisir un triangle parmi d'autres figures, choisit aussi bien un triangle d'une autre forme que celui qui a servi à son dressage. L'animal réagit donc à une relation abstraite, alors que l'automate, monté pour répondre à un certain triangle, restera inerte pour un triangle légèrement différent aussi bien que pour un carré [1]. Si nous nous observons nous-mêmes lorsque nous reconnaissons une personne familière, nous avons l'impression d'une sorte d'imprégnation toute qualitative. Une saveur particulière émanée de l'objet, semble diffusée instantanément en nous ; notre conscience en est imbibée d'une façon aussi purement qualitative que par le goût du sel ou du sucre. Quand la personne reconnue s'éloigne ou s'approche, elle reste psychologiquement la même personne, elle ne perd pas brusquement son efficacité psychologique. Notre appréhension perceptive est « souple [2] ».

Sans doute cette souplesse, même pour nous, a des limites. Nous ne reconnaissons pas facilement une figure familière quand elle est à l'envers, ou un brin d'herbe chargé d'une goutte de rosée, quand il est très grossi dans une photographie à la loupe. Mais dans la plupart des cas, où ces limites sont atteintes, c'est que le grossissement,

---

1. H.J. Jordan fait remarquer (*Recherches philosophiques*, II, [1933,] p. 43) « que les actes psychiques ont pour trait distinctif [par opposition au fonctionnement d'un distributeur automatique], que les parties y agissent, non pas proportionnellement à leur être physique ou chimique, mais selon leur rôle dans l'ensemble relationnel dont elles sont les termes ».

2. C'est ce que Bergson a montré depuis longtemps avec précision à propos des « images auditives » des mots : « pour un cerveau qui n'enregistre que la matérialité des sons perçus, il y aura du même mot mille et mille images distinctes ». *Matière et Mémoire*, [*op. cit.*,] p. 124.

le retournement, le rapprochement a vraiment changé une forme en une forme toute différente.

Comme von Kries, Durkheim, Becher l'ont montré, c'est également de toute association qu'il faut renoncer à trouver l'explication par des voies nerveuses toutes tracées. Deux lignes qui se rencontrent sont appelées « un angle », alors que chaque ligne, par elle-même, est seulement « une ligne ». L'effet associatif des deux lignes n'est donc pas la somme des effets associatifs de chaque ligne prise en elle-même. Un tableau photo-électrique peut, nous l'avons vu, reproduire cet effet associatif, mais ce qu'il ne peut représenter, c'est l'action de « la *similarité* psychologique [1] ».

Or, il est absolument impossible d'imaginer une solution à ce problème de la « perception souple » par des perfectionnements d'ordre matériel. L'idée qui se présente la première à l'esprit c'est d'imaginer des *relais*, des centres coordinateurs, soit pour les réceptions, soit pour les incitations motrices. Certains faits physiologiques le suggèrent. Piéron est amené à invoquer l'action de ces centres à propos des problèmes les plus variés, depuis ceux que posent des actes réflexes relativement simples comme les mouvements des yeux ou de la tête, jusqu'aux problèmes innombrables des divers degrés d'apraxie ou des mécanismes du langage.

Il n'est pas impossible de trouver à cette hypothèse un semblant de confirmation, car la loi de régression régulière (atteinte des mécanismes cérébraux en raison

1. Les confusions des perceptions se font presque toujours selon des analogies générales, et non selon des coïncidences partielles. Par exemple, les enfants qui apprennent à lire confondent facilement le *b* et le *d*, confusion inexplicable si l'on considère le modèle photo-électrique.

inverse de leur caractère automatique) présente, on le sait, de nombreuses exceptions. Alors qu'elle se vérifie pour des atteintes cérébrales diffuses (compression, insuffisance d'irrigation sanguine), des lésions fines produisent souvent des troubles capricieux, portant par exemple sur certaines catégories de mots. Dans la cécité verbale, on observe des atteintes partielles et irrégulières. Kretchmer appelle « fonction de systématisation » cette réunion d'actes physiologiques isolés en un faisceau indivisible correspondant à un objet, à une formule motrice déterminée, et qui est à la base des innombrables gnosies et praxies[1].

Tous ces faits peuvent être vrais, la difficulté est simplement déplacée. Admettons qu'il existe dans mon cerveau un centre particulier commandant les gnosies et praxies de chaque objet ; comment une sensation particulière d'un objet particulier va-t-elle pouvoir être mise en rapports avec ce centre ? L'objection que fait Bergson à propos des images auditives s'applique évidemment à tous ces cas. Il faudra expliquer que l'objet puisse être « reconnu », au sens mécanique du mot, dans une infinité de distances, puis dans une infinité de points de vue, puis dans une infinité d'éclairages. Après quoi il restera encore à imaginer les mêmes « montages » à l'infini pour toutes les variétés de l'objet. Et ce ne sera pas tout encore ; il restera à expliquer l'unité de tous ces montages, en d'autres termes, il restera la tâche impossible d'expliquer l'abstraction par une causalité d'ordre physique.

---

1. *Traité [Manuel] théorique et pratique de psychologie médicale*, [Paris, Payot, 1927,] p. 62.

B) On peut toujours, par des combinaisons pré-établies (relais électriques inspirés du téléphone automatique[1], etc.) obtenir d'un automate qu'il réponde à un stimulus qui semble d'ordre abstrait (par exemple l'automate répondra chaque fois qu'une forme optique *quelconque* projetée sur le tableau récepteur, aura été agrandie pendant un certain temps). Mais il ne s'agira jamais que d'une pseudo-abstraction, non « ouverte », d'un montage opéré d'avance par le constructeur. Chez un être conscient, la perception d'une forme prépare et permet l'adaptation à cette forme. Mais réagir à une forme simplement comme une machine matérielle, ce n'est pas s'adapter, c'est *se trouver adapté*, ce qui est tout différent. L'appareil, même quand il répond, est absolument passif ; l'action réelle appartient à l'excitant d'une part, au constructeur d'autre part, l'automate étant ici un pur instrument, un pur *médium*. En pratique, la perception réelle se dégrade souvent presque jusqu'à ce niveau : nous sommes comme déclenchés selon des glissières pré-établies. Mais alors, précisément, il n'y a plus conscience ; une perception purement « déclenchante » est aussi inconsciente absolument. On ne saurait caractériser un être par sa limite de dégradation.

C) Nous avons été obligé de supposer que les stimuli optiques sur le tableau mosaïque dessinaient la structure efficace sur un fond strictement neutre. Dans la perception réelle, il n'en est jamais ainsi. Même le « fond », dans la vue d'un ciel étoilé, est lumineux, et toute la surface de la rétine est excitée. La situation est donc beaucoup plus complexe : ce qui est perçu n'est pas figuré sur le néant,

---

1. *Cf.* [E.] Augier, *Mécanismes et conscience* [Paris, Alcan, 1934].

mais sur un « champ » ou « fond » qui, subjectivement, existe aussi. C'est un problème très délicat de la psychologie contemporaine que de préciser les rapports de la « configuration » et du « fond ». Il semble évident que nous n'avons le droit de parler de formes perçues que si ces formes existent sur un « fond », autrement il n'y aurait pas de localisation et l'ensemble de la forme ne serait plus que pure qualité[1]. Le « fond » disparu, la forme disparaît aussi ; elle est solidaire de toute l'étendue sensible. On ne peut donc concevoir une configuration psychologique construite directement sur un espace d'ordre physique. Il faut qu'une certaine texture, déjà d'un ordre tout différent, soit donnée, pour que des découpages de formes vraies puissent se produire.

Il est faux que des stimuli simples soient les premiers qui éveillent la réaction et l'intérêt de l'enfant[2], comme cela devrait être si le « fond » n'existait pas, ou n'était qu'un chaos inordonné. Les premières réactions différenciées aux bruits sont produites par la voix humaine – stimulus plutôt compliqué[3]. Il en est de même pour les sensations visuelles, d'après Stern et Bühler[4]. Or,

1. Encore ne faut-il même pas prendre cela à la lettre, puisque la qualité sensible, étant elle-même une forme confuse et protopathique, suppose ainsi un « fond » d'ordre inférieur.

2. Cf. [K.] Koffka, The Growth of the Mind, [New York, Harcourt Brace & Company, 1924,] p. 147.

3. Par exemple, à la fin du premier mois, l'enfant commence à crier quand il entend crier un autre enfant. Entre le premier et le second mois, l'enfant répond à la voix humaine par un sourire. Dès le quatrième mois, il fait la différence, par sa mine, entre un langage amical et un langage irrité.

4. Dès le deuxième mois, l'enfant ne reste pas indifférent à certaines impressions fréquentes, spécialement sur le visage de sa mère.

pour différencier une face amicale et une face irritée, il faut percevoir un complexe fort délicat, où toute une vaste surface est organisée. Dans tous les sentiments de familiarité, le « fond » est une sorte de surface qualitative et homogène qui ne peut donc être modifiée que dans sa nuance générale et non localement. Nous sommes bien loin de la structure construite sur du vide ou sur un ordre purement physique, qui serait seule capable d'agir sur notre automate.

D) Le modèle ne saurait figurer l'action d'une forme, non plus spatiale, mais temporelle. Un perfectionnement mécanique aisément concevable rendrait, en apparence, cette figuration possible : dans le monde physique les phénomènes de résonance sont très ordinaires. Mais, encore plus évidemment que pour les excitants spatialement figurés, les structures temporelles utilisées comme excitants ne correspondraient pas à de vraies formes psychologiques : elles ne se détacheraient pas sur un « fond » donné et ne possèderaient pas ces « signes locaux » dans le temps, qui caractérisent subjectivement tous les faits de mémoire dynamique, toutes les « mélodies kinétiques », et qui caractérisent aussi la perception d'un geste ou d'une action ayant une certaine durée. En mettant les choses au mieux, l'automate ne représente donc qu'une conscience instantanée. Nous n'oserions pas affirmer que « conscience instantanée » est une expression contradictoire, mais la restriction n'en est pas moins grave.

E) Enfin, il est probable que nous avons été trop vite en concédant que les étages des analyseurs sensoriels mis en évidence par les expériences de Pavlov étaient comparables à divers tableaux mosaïques de plus en plus « fins », et superposés. Quelque chose doit être maintenu de la comparaison, mais, à regarder les faits de plus près, d'importantes différences apparaissent. Lorsque, en cours d'établissement d'un réflexe conditionnel, un analyseur intervient d'abord par son activité générale et grossière, puis par ses discriminations les plus fines, il est peu vraisemblable que les discriminations fines soient psychologiquement inexistantes, même quand elles ne travaillent pas encore. Toutes les analogies nous conduisent à croire que les nuances fines existent déjà, mais comme « fond », comme arrière-plan de la sensation. Quand nous voyons de mieux en mieux l'œuvre d'un peintre impressionniste, nos progrès ne se font pas par des paliers dont chacun annulerait tous les autres. Même dans les expériences de Head et Rivers, où les paliers sont nets, au cours de la régénération du nerf, la sensibilité épicritique reparue ne supprime pas entièrement la sensibilité protopathique. Celle-ci survit en partie, modifiée, et contribue à former les caractères de la sensibilité normale de la peau [1].

N'y a-t-il pas d'ailleurs quelque chose de suspect dans la possibilité de si bien doser l'atteinte de l'analyseur par des lésions cérébrales graduées, qu'un chien passe par exemple, de la différenciation de 1/4 de ton à celle de 1/2 ton? Si les hémisphères cérébraux étaient anatomiquement un « complexe d'analyseurs », il faudrait une bien grande habileté à l'opérateur pour toucher si juste. Très probablement, la lésion a surtout un sens physiologique, malgré son aspect anatomique. C'est d'ailleurs expressément la dernière conclusion de Pavlov, puisqu'il étend l'explication par l'inhibition au cas des destructions opératoires d'une partie des

1. [W. H.] Rivers, *L'Instinct et l'Inconscient*, [Paris, Alcan, 1926,] p. 32.

hémisphères. L'étude objective des analyseurs, tout autant que les expériences de Lashley [1], loin de conduire à des localisations cérébrales plus précises, marque ainsi plutôt un retour partiel aux anciennes théories non localisatrices, antérieures aux expériences de Fritsch et Hitzig :

> La localisation des grandes régions des hémisphères est indiscutable, mais qu'advient-il de cette localisation à l'intérieur de ces régions? Après une destruction étendue des hémisphères, la restitution se fait si bien qu'il est difficile de dire en quoi l'animal diffère de l'animal normal [2].

Mais alors on voit mal comment on peut encore entretenir l'espoir d'interpréter l'intersuppléance ou la régénération des analyseurs comme un phénomène matériel. Si, dans une zone cérébrale, « une région étendue peut être remplacée par une région plus petite », c'est que décidément il faut renoncer à notre modèle provisoire.

En conclusion, le « modèle objectif » d'une subjectivité consciente ne peut être un modèle mécanique, au sens matérialiste du mot. Le tableau photoélectrique n'est que la caricature d'un récepteur sensoriel. On trouvera peut-être que cette conclusion était certaine d'avance et que cette discussion a été un travail inutile. Nous ne le croyons pas. Il y a au contraire une moralité d'ordre général à tirer de cet échec. Dans l'automate, le fonctionnement dépend de liaisons purement physiques, et il est impossible de fabriquer des liaisons d'ordre

---

1. Qui tendent à montrer que le « learning process » est indépendant de toute localisation.
2. [I.] Pavlov, *Les Réflexes conditionnels*, [*op. cit.*,] p. 167.

supérieur par un simple agencement de liaisons d'ordre inférieur. L'automate ne peut donc que « jouer » le vrai fonctionnement de la conscience, connu objectivement ; il dispense, dans certains cas montés d'avance, de la conscience, il ne la représente pas. C'est comme si l'on croyait fabriquer un pianiste en construisant un piano automatique.

LE DYNAMISME DE LA « GESTALT-PSYCHOLOGIE »

Les psychologues de la *Gestalt-theorie*, et particulièrement Köhler, nous offrent une solution qu'il nous faut examiner maintenant. Mais il importe de distinguer dans cette théorie deux thèses : 1) Les expériences psychologiques révèlent l'importance des « configurations » ; les éléments de la conscience ne sont pas des sensations simples qui s'organisent ensuite, l'organisation est primitive ; 2) Ces « ensembles » organisés peuvent être considérés comme des cas de distribution dynamique, du même genre que ceux que l'on trouve dans le monde physique, à côté des distributions réglées par un arrangement rigide préétabli.

C'est cette deuxième thèse, et non la première, qui en est indépendante, que nous allons discuter. Wertheimer, Köhler, Koffka, Lewin, rejettent toutes les conceptions mécanistes du fonctionnement nerveux. On admet généralement, dit Köhler, que tout acte doit être le résultat ou d'un arrangement inné, ou d'un arrangement acquis. Il faut rejeter cette alternative. Les impressions rétiniennes, probablement avant l'étape corticale, et sûrement après, les mouvements habituels, etc., ne sont pas guidés par les conducteurs nerveux comme un train sur ses rails [1]. Le

---

1. [W. Köhler,] *Gestalt-psychology*, [*op. cit.*,] p. 88.

champ sensoriel n'est pas une mosaïque inflexible, dans laquelle les éléments se juxtaposent sans s'influencer. Une telle conception dérive du préjugé d'après lequel les phénomènes naturels laissés à leur jeu aveugle, ne produiront jamais quelque chose d'ordonné. On croit qu'il est indispensable de restreindre les possibilités des phénomènes par un arrangement rigide approprié, par des glissières toutes faites. C'est ainsi que les astres, dans l'univers de Ptolémée et d'Aristote sont tenus par les sphères de cristal[1], et que l'être vivant, pour Descartes, n'est que leviers et tuyaux. Et pourtant l'univers de Galilée est ordonné malgré l'absence de glissières. Un processus physique comporte deux sortes de facteurs : *a*) Les conditions constantes du système ; *b*) L'élément dynamique, les forces qui s'équilibrent et se distribuent d'elles-mêmes dans le cadre des conditions constantes. La charge fixe des électrons, la conductivité spécifique et surtout les associations préétablies des conducteurs, voilà les conditions constantes ; les forces électriques, voilà l'élément dynamique. Un piston qui se meut dans un cylindre, une goutte d'eau qui suit un tuyau, la distribution de l'électricité à la surface d'un conducteur, ne doivent pas faire oublier le cas des molécules qui s'édifient d'elles-mêmes, des gouttes d'eau qui trouvent d'elles-mêmes leur place dans la mer, de l'huile et de l'eau établissant spontanément une surface de séparation, de la bulle de savon prenant d'elle-même la forme sphérique.

Or, les expériences psychologiques sont incompatibles avec la théorie de la « mosaïque », de la « glissière ». Le mouvement stroboscopique, étudié par Wertheimer et Koffka, et surtout les faits que nous

---

1. [W. Köhler, *Gestalt-psychology*, *op. cit.*,] p. 82.

avons cités précédemment : la constance psychologique des dimensions malgré la variation de la projection rétinienne, le choix entre deux nuances, déterminé par leurs relations, indépendamment de la nuance absolue, etc., témoignent tous dans le même sens. Il est exclu par ailleurs que l'explication de ces faits se trouve dans l'adjonction, au résultat brut du mécanisme sensoriel, d'une « interprétation », d'un « meaning », d'un caractère intellectuel. Quand le sujet étudié est une poule [1], il est évidemment difficile d'expliquer la « constance des dimensions » par l'influence d'une « signification » abstraite sur la sensation brute. La solution proposée par les psychologues allemands, qui prétendent éviter à la fois le mécanisme, insuffisant, et le vitalisme, mystique et anti-scientifique, c'est l'explication par un ordre dynamique. Quand la poule choisit le gris le plus foncé, quelle que soit la nuance absolue de ce gris, il s'agit d'un phénomène de même ordre que le mouvement d'une molécule d'eau, sollicitée par des pressions inégales dans un liquide.

Il nous paraît presque évident que la solution de Köhler, sous sa forme crue, est extrêmement peu satisfaisante, ne constitue pas un progrès réel sur la théorie mécaniste, et ne rend pas plus justice que celle-ci, malgré ses intentions, à la réalité absolue de la forme sensible. Il serait parfaitement possible à un ingénieur de perfectionner l'automate photo-électrique de telle manière qu'il réponde à une certaine différence entre

---

1. Götz opère sur des poulets de trois mois : ils choisissent le plus gros grain, même quand sa surface rétinienne est devenue 1/3 de la surface rétinienne du plus petit. Hélène Frank a expérimenté sur un enfant de 11 mois ; les rapports des surfaces allaient jusqu'à 6,2 %.

deux stimuli, de valeur absolue quelconque. Un tel
appareil n'a rien de rare, puisqu'une vulgaire balance
en est le type. Si l'on peut croire à la plus grande vertu
explicative du dynamisme, c'est qu'il paraît non assujetti
et au « tout fait » : une petite bulle de savon est une
sphère, tout comme une bulle plus grande ; la forme
sphère s'impose comme un tout à une quantité variable de
matière. Mais en y regardant de plus près, on s'aperçoit
que l'on ne sort en rien du règne du « de proche en
proche ». Tout au contraire, l'équilibre et la distribution
dynamique représentent un cas particulièrement pur
d'action de proche en proche. Quand la bulle prend la
forme sphérique, quand la surface d'un étang reste hori-
zontale, chaque molécule ne « connaît » que ses voisines
immédiates. La bulle est beaucoup moins une forme
qu'un tout. Les articulations, les charnières, les glissières
de toutes sortes sont moins amorphes que les équilibres
dynamiques ; elles sont à un étage supérieur dans
l'univers des formes. Si l'on doit trouver la conscience
sous son aspect objectif, on la trouvera là où il y a des
liaisons complexes et non une absence de liaisons.

Mettons-nous en présence de plusieurs paires de
gris plus ou moins foncés : il est bien vrai que chaque
paire nous donne une impression d'ensemble : mais,
dans cet ensemble, *chacun des deux gris reste présent*.
A prendre l'interprétation dynamique à la lettre, ne
devrait être présente qu'une résultante unique, de même
que la balance, bien qu'elle ait ses deux plateaux chargés,
n'indique évidemment qu'un poids.

Encore l'expérience du choix relatif est-elle
particulièrement favorable à la théorie dynamique.
Si l'on passe au cas de la constance psychologique
de la dimension ou de la forme dans la perception,

elle perd toute vertu explicative, même apparente. Pourquoi reconnaissons-nous un cube, sous la variété de ses aspects ? Pourquoi même les très jeunes enfants, comme le prouvent leurs dessins [1], voient-ils le cube « orthoscopiquement », selon l'expression de Bühler, et non d'une manière impressionniste ? Koffka, à ce propos, rejette l'explication par la mémoire, et invoque les lois dynamiques de la configuration. En effet, argumente-t-il, la probabilité pour apercevoir la face d'un cube comme un carré est très faible, et même, mathématiquement, nulle. Nos souvenirs visuels devraient donc favoriser la forme « parallélogramme » et non la forme « carré ». Si cette dernière triomphe cependant, c'est que la configuration orthoscopique est « prégnante ». Pareillement, pour Wertheimer, l'angle droit est une forme favorisée, ce qui ne peut être attribué à l'« expérience », puisque, si les angles droits existent fréquemment comme objets, ils existent très rarement comme images rétiniennes [2].

Le caractère paradoxal d'une telle conception prise à la lettre ne peut échapper à personne. Si le dynamisme propre à l'œuvre dans la perception, et non le *meaning*, explique que nous voyons nos assiettes, rondes, ou notre table, rectangulaire, malgré la variété des angles de vision, on ne comprend plus comment notre plat ovale peut rester ovale, ou l'avant d'un chasse-neige et le bout

1. *Cf.* Luquet, Katz, etc.
2. Ce qu'il y a de vrai dans cette thèse, c'est que beaucoup d'illusions d'optique (*cf.* les figures de Hering, de Zöllner, de Poggendorf), s'expliquent en partie par la transformation spontanée d'un angle aigu, non en angle droit, mais en un angle moins aigu. Mais si les enfants dessinent un cube avec des carrés, c'est évidemment en vertu d'un travail de conceptualisation qui n'a rien à voir avec le dynamisme physiologique en question.

d'une plume continuer à nous paraître former un angle aigu.

Certes, nous trahissons la doctrine en prenant le mot dynamisme dans un sens aussi étroit ; Köhler, en étudiant les « formes dans le monde physique », ne prétend pas y ramener toutes les formes psychologiques, mais montrer que dans tous les ordres le dynamisme a une vertu explicative. Mais ce qu'il faut reprocher justement à la *Gestalt-theorie*, c'est de vivre à ce propos dans l'équivoque. Tantôt l'explication dynamiste prétend avoir un sens nettement physique ou biologique (pour être aussi loin que possible des explications intellectualistes) ; tantôt les configurations invoquées sont d'un tout autre ordre : elles sont des schèmes abstraits et « significatifs ». La théorie bénéficie de l'ambiguïté : l'emploi des « formes » au premier sens est très limité, mais lui donne un aspect strict et scientifique ; il lui donne surtout l'aspect d'une explication physiologique autant que psychologique. Les « configurations » dans le second sens, lui permettent, tout en paraissant conserver la précision première, d'élargir infiniment son champ d'action.

a) Dynamisme cru, lorsque Köhler commente le cas de « la figure brillante que l'on fait apparaître soudainement dans l'obscurité », et qui manifeste, par l'effet du développement dynamique, un mouvement violent d'extension et d'approche, puis semble se contracter et s'éloigner quand on l'a fait disparaître aussi brusquement, – ou encore lorsqu'il étudie des organisations sensorielles, qui ne sont que des constellations visuelles [1]. Dynamisme cru, lorsqu'il se pose ce problème, qu'il avoue embar-

---

1. *Cf.* les expériences de Hertz sur les oiseaux au moyen de pots dont certains contiennent des graines : le pot en dehors de l'ellipse a une existence visuelle distincte pour l'animal.

rassant pour lui [1] : « Pourquoi la sensation résultant d'une excitation de forme donnée, s'il est vrai qu'elle implique une distribution dynamique et non mosaïque, conserve-t-elle si bien les contours nets de l'excitant? » et qu'il y donne cette réponse, si peu probante : « C'est par l'effet des forces de séparation au contact, de même ordre que celles qui séparent l'huile et l'eau. »

b) Dynamisme nettement synonyme de « configuration significative » dans le plus grand nombre des travaux de l'école. Lewin, par exemple [2], décrit comment, pendant la guerre, le paysage homogène se limite et se polarise quand on approche de la ligne de feu, et comment une transformation apparaît également quand on laisse une position derrière soi et qu'elle devient une simple surface de terrain. Le dynamisme est évidemment relatif ici à une signification, il n'est pas une propriété du champ sensoriel. Dans L'Intelligence des singes supérieurs Köhler n'emploie presque jamais le dynamisme élémentaire. Quand le chimpanzé comprend une situation, par exemple quand il voit dans la branche d'un arbre un bâton possible, il s'agit bien d'un remaniement de configuration dans le champ sensoriel, mais ce remaniement est d'un tout autre type que la réorientation de la limaille de fer selon les lignes de force; il implique une analyse abstraite et l'apparition d'un schéma saisi dans son ensemble, qui doit même remonter le courant du dynamisme de l'instinct.

Comment expliquer par le dynamisme ce qui va contre le dynamisme? La solution intelligente d'un problème exige dans tous les cas, comme le reconnaissent les

1. *Cf.* [W. Köhler,] *Gestalt-psychology*, [*op. cit.*,] p. 108.
2. [K. Lewin,] *Zeitschrift f*[*ür*] *a*[*ngewandte*] *Psych*[*ologie*] 1917.

psychologues de l'école, une « articulation ». Comment concilier articulation et dynamisme élémentaire ?

La psychologie de la *Gestalt-theorie* est aussi bonne que sa philosophie est mauvaise. L'interprétation des phénomènes psychologiques par le jeu des configurations est excellente, mais l'explication des configurations par un dynamisme physiologique est insoutenable, sauf dans un très petit nombre de cas, faciles à reconnaître et sans grand intérêt. Il est impossible de mettre sur le même plan les illusions qui tiennent en effet à un dynamisme optique élémentaire (figures de Hering, de Zöllner, de Muller-Lyer), et les illusions de « signification » : telle la constance psychologique des dimensions malgré la variation de la projection rétinienne. Il est sans doute très curieux que les observations précises faites sur ce dernier point semblent infirmer le rôle de la « signification » et de « l'expérience » dans la constance de la dimension, mais cela prouve que quelque chose nous échappe dans le phénomène, et non que l'explication dynamique soit vraie. D'ailleurs, dans des expériences de Beyrl sur des enfants, il y a un léger accroissement de la constance des dimensions avec l'âge, ce qui semble suggérer que l'expérience joue tout de même un rôle. Ce qui le confirmerait encore, c'est que la constance de la dimension est plus nette et plus primitive pour les figures « intéressantes » que pour les formes géométriques simples [1] (résultat évidemment inexplicable dans l'hypothèse du dynamisme) [2].

1. Expériences de Volkelt, Dora Musold, etc.
2. On trouvera dans *La Perception visuelle I* de R. Dejean ([*op. cit.*,] p. 97 *sq.*) la discussion d'un grand nombre d'exemples (astres à l'horizon et au zénith, agrandissement des images perçues dans le brouillard, etc.) où il est clair que l'impression de grandeur,

La tentative de la *Gestalt-theorie* pour se passer, dans le cas de la « perception souple », de l'appel au *meaning*, a visiblement échoué. Il faut trouver un moyen de réintroduire, sous une forme ou sous une autre, la « signification », ou un équivalent, dans le jeu des configurations psychologiques. Ainsi que le dit très bien Burloud :

> En nous vivent et agissent des règles et des méthodes innombrables qui se transposent, sous l'influence de la ressemblance, d'une situation dans une autre. Ce pouvoir que possèdent les formes de se transposer et de collaborer entre elles empêche de les concevoir, à la manière de la *Gestalt-theorie* comme de simples propriétés de « touts » organiques. La forme domine à son tour les « touts » en lesquels elle se réalise[1].

La vérité de la *Gestalt-theorie*, c'est la critique de la théorie de la mosaïque qui n'admet que des liaisons par contact. Mais l'erreur de Köhler a été d'établir une opposition inexacte entre l'ordre mécanique et l'ordre dynamique, les liaisons sans contact ne lui paraissant pouvoir être que d'un type dynamique simple. Or, nous l'avons vu, dans la physique contemporaine, il n'est pas de liaisons qui ne soient à distance. À regarder les choses de plus près, la distinction de Köhler s'évanouit complètement : d'une part les fonctionnements « guidés » sont à peu près aussi fréquents dans la nature que dans l'industrie humaine : les eaux d'un fleuve, les ondes

comme celle de distance, est fonction de ce que l'on pourrait appeler la distance schématique préconçue, et n'a rien à voir avec un dynamisme physiologique rétinien ou cérébral.

1. [A. Burloud,] *R[evue] de Synthèse*, oct. 1934, p. 164. *Cf.* également *Revue de Métaphysique et de Morale*, oct. 1934 et *R[evue] Philosophique*, nov.-déc. 1933.

hertziennes maintenues par la couche conductrice, les
filets d'eau gainés par la tension superficielle, ne diffèrent
pas de l'eau circulant dans un tuyau : et d'autre part
surtout, les guidages, naturels ou fabriqués, sont tous eux-
mêmes dynamiques, en ce sens que les atomes n'arrivent
jamais en contact, au sens cartésien de ce mot. Toutes
les liaisons sont donc dynamiques, aussi bien celles qui
obligent l'atome à rester à proximité d'un autre atome,
que celles qui président à l'édification de l'embryon, ou
enfin que celles qui coordonnent le passage de l'influx
dans les conducteurs nerveux au moment d'un réflexe
complexe. Mais alors, la vraie question est de distinguer
entre ces divers ordres. Le mot dynamisme, en lui-même,
est vide, puisqu'il s'applique à tout. Une théorie de la
conscience qui s'appuie sur un dynamisme élémentaire a
aussi peu de chances d'être vraie que celle qui s'appuie
sur un mécanisme élémentaire. Philosophiquement, elles
sont de même classe, *et la preuve, c'est qu'il y a une
interprétation épiphénoméniste possible de la théorie de
Köhler, comme de la théorie de la mosaïque* :

> Il ne suffit pas, écrit par exemple Guillaume, commentant
> Köhler, d'établir entre les faits objectifs et subjectifs, une
> comparaison, il faut montrer leurs rapports de causalité.
> Si la perception d'un objet possède subjectivement les
> caractères par lesquels nous avons défini les formes,
> c'est sans doute que le phénomène physiologique qui en
> est la condition dans le secteur optique, de la rétine au
> centre visuel de l'écorce, possède les caractères objectifs
> des formes physiques. La structure de la perception est
> l'expression de la structure du champ somatique [1].

1. [P.] Guillaume, *Préface* à *L'Intelligence des singes
supérieurs*, [Paris, Alcan, 1927,] p. XII.

Mais cela revient à dire que les formes psychologiques ne sont que des reflets, et n'ont pas d'efficacité, d'usage, de réalité propre. Sans aucun paradoxe, on peut donc reprocher à Köhler, quand il passe de la psychologie à la philosophie, de ne pas croire vraiment aux formes.

ESPRIT ET FORME VRAIE

Les psychologues doivent donc se rendre compte une bonne fois qu'il est contradictoire d'insister sur la réalité et l'efficacité des configurations psychologiques, et de vouloir en même temps les expliquer avec des réalités ou des forces physiques ou physiologiques. Ces dernières sont les points d'application des formes psychologiques, mais elles leur sont subordonnées. *Une forme qui n'est que la résultante d'un jeu d'éléments, qui ne dirige pas ses éléments, ne se les subordonne pas, n'est pas une forme, ce n'est qu'un aspect.*

L'apparence visuelle d'un cercle dessiné et d'un cercle solide est la même, de par la nature de la sensation et de la connaissance. Mais le cercle dessiné n'est pas une vraie forme : laissé à lui-même, il ne fonctionne pas comme cercle (par exemple, il est incapable de rouler, de constituer un circuit électrique). Si le cercle de métal est une vraie forme, c'est que les champs intermoléculaires qui en font la solidité dominent et dirigent les mouvements des molécules. Passons maintenant au cercle-vu, au cercle-configuration dans le champ sensoriel et supposons qu'à titre d'excitant conditionnel il déclenche un réflexe salivaire chez un animal. Quelque chose doit lui correspondre dans l'*area striata*, mais vouloir comprendre son action, son efficacité, soit en se représentant le cercle comme simplement *figuré* sur la mosaïque corticale, et y agissant comme sur un tableau photo-électrique, soit en l'assimilant à un équilibre dynamique dans la même zone, c'est comme vouloir comprendre la conductivité électrique d'un circuit métallique en étudiant un cercle dessiné dans le sable d'une plage.

Si l'image mentale n'est pas un pur rien, c'est qu'elle commande les actions nerveuses, comme l'action des champs électriques ou gravifiques commande les mouvements des planètes et des atomes ; c'est qu'elle en est, en un certain sens, indépendante. C'est là que réside la part de vérité contenue dans les critiques du parallélisme. Quand nous reconnaissons un cercle-signal, les réponses motrices qu'implique la reconnaissance sont commandées quelle que soit la situation, la grandeur, la distance, l'angle de vision du cercle. Comment concevoir cette extraordinaire « souplesse », tant que l'on imagine le cercle cortical comme une structure au sens matérialiste du mot, c'est-à-dire comme une pseudo-forme n'existant que par ses éléments ? Ces éléments, eux, sont localisés physiologiquement, ils ne peuvent agir ailleurs que là où ils sont, ailleurs que là où atteignent leurs prolongements ; ils ne peuvent donc expliquer la « perception souple ».

Il ne faut pas dire que le jeu des associations nerveuses peut faire que précisément tout point cortical soit en communication avec tous les autres. Car alors n'importe quelle image pourra produire n'importe quel mouvement. Comme ce n'est pas le cas, il faudra comprendre alors, en négatif, ce qu'on ne comprenait pas en positif, il faudra expliquer le jeu des inhibitions ou des désaccords chronaxiques qui ne laissent passer les actions que dans un certain sens. La difficulté, pour être inversée, n'est pas amoindrie. Il ne faut pas dire davantage qu'une bulle de savon est aussi une forme indépendante de ses éléments et de ses dimensions, et que le cercle-image peut être un cas du même genre. L'indifférence à la dimension n'est pas tout dans la « perception souple » : comment expliquer par un principe aussi élémentaire qu'une personne familière soit reconnue dans n'importe quelle perspective ? La « perception souple » est vraiment un cas crucial. Pour comprendre, il faut une rénovation radicale de nos idées. Il faut admettre sans arrière-pensée ce que l'intuition de la conscience nous apprend immédiatement, si nous savons nous abstenir de fausses interprétations empruntées à ce que nous connaissons du monde des êtres physiques : le champ de conscience est un domaine d'espace absolument particulier, une surface absolue, où les formes sont des ensembles absolus.

Je tourne et retourne de toutes les façons ce livre ; je l'éloigne et je l'approche : il subsiste cependant comme objet tant que je ne le fais pas disparaître derrière un écran, – et c'est tout naturel puisqu'il reste devant mes yeux. Mais l'image du livre, comment a-t-elle conservé son identité, son efficacité psychologique, pendant toutes ces transformations ? On répond imperturbablement, et les mots plus ou moins raffinés ne changent rien au fond de la réponse : « C'est tout naturel, puisqu'elle est restée *devant* mon esprit, devant mon moi-sujet, qu'elle a été "surveillée[1]" par lui. » Une seule difficulté : l'esprit n'a pas d'yeux ! Mais alors, s'il n'a pas d'yeux, *la persistance d'identité de la forme sensible est nécessairement une propriété de cette forme en elle-même. L'esprit n'est qu'un nom donné à la différence entre une surface-objet et une surface absolue.* Le « survol », ou ce qui

---

1. L'expression est de R. Dejean, qui fait de « l'activité de surveillance » de l'esprit, la clé de la perception de la distance.

plus tard, dans la perception, sera impression de survol, puis de distance, est dans la texture de la sensation. Les formes dites conscientes, étant de vraies formes, se « voient » elles-mêmes et ne se perdent pas de vue, dans quelque coin qu'elles soient du champ sensoriel. On peut conserver l'inévitable métaphore, une fois reconnue pour ce qu'elle est, et pourvu que cette « vision » ne soit pas substantifiée à part, qu'elle ne soit qu'un moyen commode de caractériser brièvement les subjectivités conscientes.

Il est de la nature même des formes vraies qui constituent la conscience de fonctionner selon un mode de causalité finaliste[1] caractéristique de ce que l'on appelle l'esprit. Il y a une finalité rudimentaire, ou plutôt un *ordre*, déjà dans le monde physique. Avec les surfaces absolues, il est naturel que nous ayons une finalité vraie, c'est-à-dire, au lieu d'une harmonisation lente et faisant tache d'huile, une action qui tient compte immédiatement d'un ensemble, parce que c'est un ensemble qui est réellement existant et agissant. La finalité-intention, pas plus que l'action de la ressemblance, ne prouve donc pas qu'un sujet métaphysique est penché sur un schème mental, comme le corps d'un ingénieur est penché sur sa table de travail ; elle exprime une propriété du schème lui-même, la convergence spontanée de rapports analogues, de même que l'ordre, la finalité-harmonie, exprime une propriété des formes de proche en proche. En un mot, la finalité-intention n'est que la finalité-harmonie des formes absolues, des champs de conscience.

---

1. [A.] Burloud, *La Pensée conceptuelle*, [Paris, Alcan, 1927,] p. 387 : « La causalité de l'idée, c'est la finalité elle-même. »

La finalité n'est un principe distinct dans l'un ni l'autre cas. Seul, l'univers du matérialisme abstrait a besoin d'un ordre extérieur pour être un univers et non un chaos. Seule la psychologie d'un associationnisme non moins abstrait aurait besoin d'une direction, d'un Esprit qui la dominerait et la guiderait de haut.

Cette fois donc, le pas décisif est fait. Puisque les formes-absolues impliquent « causalité de l'idée » et finalité proprement dite, elles contiennent tout ce qu'il y a de réel et d'effectif dans ce que l'on appelle traditionnellement l'Esprit, la Conscience, la Pensée, au sens moderne du mot comme au sens cartésien. Le « fontenier », de même que le pianiste idéal imaginé par la théorie instrumentale derrière le clavier cérébral, peuvent être éliminés. Le dualisme cartésien, contre lequel s'était toujours rebellé l'instinct des philosophes, et que la philosophie contemporaine, avec patience et obstination, n'a cessé de critiquer par des arguments souvent eux-mêmes bien critiquables – ce dualisme a décidément fait son temps. L'âme n'est pas une substance distincte qui vient s'ajouter à la mécanique du corps, l'âme est la forme « en soi » qui est observé comme corps.

LA SIGNIFICATION DES LOCALISATIONS CÉRÉBRALES

En reprenant maintenant le même fait – l'ubiquité des configurations psychologiques – par sa face objective, ne recommençons pas l'éternelle faute de vouloir « comprendre » physiologiquement; ne transformons pas inconsciemment cette ubiquité en un fait mécanique banal, analogue au glissement de la forme d'une vague sur la mer. La forme d'une vague ne se transporte sur la mer que par l'effet d'une sommation aveugle de

faits élémentaires. Il serait contradictoire de considérer
l'écorce cérébrale comme une surface physique sur
laquelle les localisations auraient un sens physique.
C'est par une véritable inadvertance que l'on confond
la cause du parallélisme (entre subjectif et objectif) avec
la thèse des localisations rigides. Chaque fois que les
expériences mettent en évidence le caractère très large
des localisations cérébrales, on considère le fait comme
un argument contre le parallélisme. C'est le contraire
qui est vrai. Puisque l'intuition de la conscience nous
montre précisément que l'efficacité des configurations
est indépendante de leur localisation, *il est tout naturel
que l'observation physiologique retrouve quelque chose
de cette non-localisation* – comme un fait d'ailleurs
incompréhensible.

Les neurologistes hostiles aux strictes localisations,
comme von Monakow et Lashley, éprouvent une sorte
d'embarras devant la correspondance point par point
de la rétine et de l'aire 17 de Brodmann[1], au point que
plus d'un met un véritable parti pris à essayer de nier
cette projection. Lashley, après ses expériences de 1932,
reconnaît la localisation des formes visuelles, mais à son
corps défendant, et comme un fait qui se concilie mal
avec ses conclusions sur le *learning*. Les théoriciens de
la *Gestalt*, dans leur critique de la théorie de la mosaïque,
mentionnent avec une véritable mauvaise humeur le
cas de l'*area striata*. Inversement, les localisateurs à

---

1. C'est une donnée solidement établie de la topographie
cérébrale (surtout depuis Henschen, dont les vues ont été confirmées
par Monbrun, P. Marie, Gordon Holmès, Poppelrenter, étudiant les
blessures de guerre), que la rétine se projette point par point sur
l'écorce (*Area Striata* de Brodmann).

outrance citent le secteur optique avec la même fierté que les évolutionnistes les ancêtres du cheval.

Pourtant, la projection cérébrale rigoureuse de la rétine, loin d'infirmer la localisation large, par grands secteurs, la confirme. Supposons que l'on ignore encore le rôle de l'aire de Brodmann et que l'on détruise expérimentalement une partie de cette zone. Comme le centre de la vision maculaire est moins vulnérable, il aura des chances de rester intact. L'animal opéré n'éprouvera subjectivement qu'une diminution dans les dimensions du champ visuel. Cette diminution pourra parfaitement rester inaperçue de l'expérimentateur. Même chez l'homme en effet, le diagnostic de l'hémianopsie est loin d'être facile ; il faut un examen méthodique pour la dépister. Le malade ne s'en rend compte que d'une manière indirecte, comme le joueur de billard de Charcot qui perdait de vue sa bille pendant une partie de sa course, ou comme le pêcheur à la ligne atteint d'hémianopsie droite qui ne pouvait pêcher que sur la rive gauche d'une rivière [1]. Si donc les sensations visuelles n'avaient, malgré tout, une existence subjective bien nette, on pourrait fort bien déclarer, au premier examen, que l'aire 17 de Brodmann est une zone muette du cerveau. La vision n'est donc en rien plus localisée que les autres faits psychologiques ; elle est même un exemple particulièrement frappant et clair de

---

1. On a même vu des hémianopsies doubles (avec la vision maculaire conservée, ce qu'oublie de spécifier le *Nouveau Traité* de Dumas), passer quelque temps inaperçues, à cause des mouvements compensateurs de la tête. (*Cf.* [G. H.] Roger, [F.] Widel [Widal], [P. J.] Teissier, *Nouveau Traité de médecine*, IX, [Paris, Masson et Cie, 1925,] p. 50.)

l'indépendance des formes psychiques relativement à de vastes zones cérébrales [1].

Cet exemple est d'un grand intérêt : 1) Il confirme parfaitement le parallélisme du subjectif et de l'objectif; 2) Il confirme qu'il n'y a pas de localisation corticale détaillée et que la spécialisation ne porte que sur de vastes zones; 3) Il permet de soupçonner la véritable signification de l'existence des zones dites muettes dans d'autres régions du cortex. On se représente quelquefois ces zones, dans une interprétation vraiment assez enfantine, comme une sorte de réserve pour les acquisitions futures de l'homme, analogue aux terres vierges d'une colonie. Il est bien plus probable qu'elles font partie d'une « surface vraie » parfaitement utilisée (par exemple pour le schématisme abstrait), mais qui, à la rigueur, s'accommode d'une surface physique moindre, absolument comme les configurations visuelles peuvent se contenter d'une aire de Brodmann réduite de moitié, ou comme un calculateur peut continuer à se servir d'un tableau plus petit que celui auquel il est habitué, ou comme un homme qui se regarde dans un miroir peut compenser l'exiguïté de celui-ci par des mouvements appropriés;

4) Il conduit à voir sous leur vrai jour les localisations des réceptions sensitives dans la zone post-rolandique. Celles-ci ont contribué, tout autant que les localisations des réceptions visuelles, à donner l'impression que le cerveau était une mosaïque. Il est évidemment saisissant de voir sur un atlas cortical, la pariétale ascendante

---

1. Ainsi un apprentissage d'abord contrôlé visuellement par deux demi-rétines – les deux autres moitiés étant provisoirement aveuglées – conserve ses effets quand on aveugle les deux autres demi-rétines en libérant les premières (expériences de Lashley).

bien découpée en zones correspondant à la projection des sensibilités cutanées et kinesthésiques des diverses parties du corps. Mais qu'est-ce que cela prouve? Si l'œil, au lieu d'être impressionné par les objets les plus divers, était constamment braqué dans la même direction sur les mêmes objets, on pourrait alors tout aussi bien, en se servant du schéma de Gordon Holmès, dessiner la carte cérébrale correspondant au tableau immuable ainsi regardé, et détailler sur le cortex : arbres, maisons, etc. Pourtant, cela n'empêcherait pas les régions cérébrales ainsi affectées, d'avoir virtuellement un autre rôle, qui se révèlerait après la libération des globes oculaires. La topographie de la pariétale ascendante n'a probablement pas un autre sens. Elle est *spatialement détaillable* du point de vue de ses rapports avec les autres parties du corps, mais cela ne veut pas dire qu'elle soit une *mosaïque décomposable* quant aux formes tactiles qui vivent en elle;

5) Enfin, il permet de comprendre ce qui a donné un faux air de vraisemblance à la théorie du cerveau-instrument. À première vue, on pourrait croire qu'au fond nous nous trouvons ramenés, par un long et inutile détour, à une conception du rôle du cerveau bien proche de celle de Bergson. La surface réelle qu'est *en lui-même* le système nerveux n'est-elle pas en effet comme *offerte* aux formes psychologiques, c'est-à-dire à l'esprit, à la façon d'un tableau ou d'un clavier, en un mot à la façon d'un instrument? C'est bien le propre d'un instrument, et c'est ce qui l'oppose à une réalité se suffisant à elle-même, de pouvoir subir des atteintes qui gênent l'usager sans empêcher absolument l'usage. Puisque l'expérience prouve que tel est le cas de larges portions du cerveau, la tentation est forte de passer à la limite et d'affirmer

de tout le cerveau ce que l'on constate pour une zone du cerveau.

La faute de la théorie du cerveau-instrument est dans ce passage à la limite. Parce que la lésion de la zone auditive dans un seul hémisphère ne produit pas la surdité, on aurait tort d'en conclure que les lésions bilatérales respecteront l'audition[1]. Une hémianopsie double, avec atteinte du centre de la vision maculaire, équivaut bien à la cécité corticale. L'extirpation, ou des lésions généralisées[2] des lobes préfrontaux, créent une série de troubles graves qui semblent impliquer une incapacité générale de schématisation abstraite. C'est que, il ne faut pas l'oublier, dans une surface réelle, il n'y a pas de centre de perspective extérieur, analogue à un dessinateur devant un tableau. Une surface réelle est à la fois tableau et dessinateur, clavier et pianiste, instrument et usager. La réalité de la subjectivité consciente ne se mire pas dans la surface corticale comme dans un miroir extérieur à elle, et dont elle serait indépendante pour sa subsistance, elle *est* cette surface. La surface physiquement réduite, son fonctionnement subsiste, en principe, intégralement; mais cette surface anéantie, il ne reste rien en dehors d'elle pour lui survivre.

La véritable difficulté ne réside donc pas dans les expériences qui prouvent le caractère non rigide des

1. Malgré de très douteuses expériences de Kalisher.

2. Il est très remarquable que « des lésions *partielles* même des deux lobes préfrontaux, ne produisent pas le grand syndrome frontal » ([L.] Bianchi, *La Mécanique du cerveau [et la fonction des lobes frontaux]*, [trad. B. J. Sanguinetti & A. Collin, Paris, Arnette,] p. 226), mais une symptomatologie très réduite, et qualitativement différente. Un malade opéré a retrouvé son activité psychologique antérieure malgré la résection du lobe frontal droit (R. Mallet, *La Démence*, [Paris, A. Colin, 1935,] p. 117-18).

localisations. Elle est bien plutôt au contraire dans l'existence de zones localisées, puisque subjectivement, tout le domaine mental est unifié, et qu'il n'y a pas de séparation, par exemple, entre nos sensations auditives et nos sensations visuelles comme entre l'aire corticale auditive et l'aire visuelle. Cette difficulté n'est pas très grave. Un certain nombre de faits suggèrent que la spécialisation de l'écorce est plus nette chez l'homme que chez des animaux comme le rat, chez lequel l'écorce semble fonctionner comme un tout, si du moins les expériences encore controversées de Lashley sont confirmées. Plus généralement, toute la neurologie montre que les spécialisations des diverses parties de l'encéphale sont beaucoup plus flottantes qu'il n'apparaît quand on étudie l'homme seul. Les corps striés, par exemple, ont une tout autre importance chez l'oiseau que chez l'homme. La mémoire, qui a l'écorce pour condition chez les mammifères, se passe de l'écorce chez les poissons osseux. La spécialisation – c'est évident en tous cas pour la spécialisation cérébrale des centres du langage – est un perfectionnement surajouté plutôt qu'un caractère primitif.

LE PROBLÈME DU RÉFLEXE

La sensation, l'image est une manière d'être, et même particulièrement complexe, de l'esprit, elle n'est pas, comme le croyait l'associationnisme, un élément de l'esprit. Il ne faut donc pas croire que l'hypothèse qui rapproche la conscience et l'espace entraîne obligatoirement la réduction de toutes les réalités psychologiques à la sensation et à l'image : la « surface » consciente peut être occupée de bien des manières. Nous allons étudier plus particulièrement le cas de réflexe.

Jusqu'au XXe siècle, on a le plus souvent considéré le réflexe, ou plus exactement le fonctionnement d'un arc réflexe considéré dans un isolement schématique, comme un élément véritable, dont toute action devait être composée. Cette manière de voir impliquait ce que l'on pourrait appeler une théorie physiologique associationniste du système nerveux. De plus, si un arc réflexe isolé est un chemin tout tracé pour un mouvement, une accumulation d'arcs réflexes n'est encore qu'une accumulation de chemins. Si l'intervention de la conscience ne se conçoit pas dans le passage tout automatique de l'influx le long de l'arc isolé, elle ne se conçoit pas mieux quand ces arcs sont innombrables et entrecroisés. S'il est difficile de concevoir la conscience tapie comme un contacteur dans la cellule ou la synapse d'un arc, il est encore plus difficile de la concevoir partout présente, comme contacteur et aiguilleur, dans les milliards de synapses du cerveau. La seule conclusion logique c'est l'épiphénoménisme, ou la thèse de Bergson : « Il n'y a qu'une différence de degré, non de nature, entre les facultés dites perceptives du cerveau et les fonctions réflexes de la moelle. »

Le mot de Bergson est vrai, mais on doit retourner ses intentions : les facultés perceptives du cerveau en soi sont réelles et c'est par elles qu'il faut comprendre les fonctions réflexes de la moelle qui n'en diffèrent pas essentiellement. La théorie associationniste du réflexe – « une action est composée à partir des réflexes simples comme éléments » – n'a cessé de perdre du terrain depuis quarante ans, avec les travaux de Goltz, de Munk, de Sherrington, de Graham Brown. Le caractère coordonné, finaliste, de la loi d'irradiation du réflexe, est manifeste. Si l'on coupe, comme dans l'expérience classique de Pflüger, la patte avec laquelle une grenouille décapitée grattait un point irrité sur son dos, le réflexe est repris par l'autre patte, après essai infructueux du tronçon. Selon le mot souvent cité de Sherrington, un accroissement d'excitation de la peau plantaire ne fait pas déborder l'action réflexe des fléchisseurs sur les extenseurs, et pourtant les faisceaux des fléchisseurs et des extenseurs sont entrecroisés. Les réflexes d'un crapaud à moelle isolée sont adaptés; ils varient selon les zones excitées, les modes d'excitation, le nombre des excitations. Chez un chien à moelle sectionnée, l'excitation plantaire de la patte postérieure provoque des mouvements alternés de marche [1]. « L'organisme répond aux sollicitations par des réactions *d'ensemble* [2]. » Certains réflexes, tels que les provoque l'intervention de l'expérimentateur, remarque très justement Spaier, ne sont que des manifestations accidentelles de toute une structure fonctionnelle. Le réflexe patellaire, quand il est produit par un coup léger sur le tendon rotulien, n'a pas de réalité indépendante et n'est pas une véritable unité fonctionnelle. « Quand on approche un tournevis tenu à la main des bougies d'un moteur à explosion, on en tire des étincelles qui n'entrent pas dans le cycle moteur. De même, le réflexe patellaire est en réalité élément d'une réaction complexe qui assure par des tractions, non par des chocs, l'équilibre dans la station debout [3]. » De même encore si l'on pince l'une des pattes postérieures d'un chien décérébré se tenant debout, elle se retire en même temps que l'autre patte postérieure exécute un mouvement d'extension qui prévient la chute [4].

1. Goltz et Freusberg.

2. [J.] Larguier des Bancels, *Introduction à la psychologie*, [Paris, Payot, 1934,] p. 138.

3. [A.] Spaier, *Recherches philosophiques*, II, [1933,] p. 66.

4. *Ibid.*, p. 67.

D'ailleurs, on ne concevrait pas, dans l'évolution biologique, le montage, réflexe par réflexe, de l'activité animale. C'est du *tout* que l'on doit partir. La locomotion ne peut avoir été acquise par pièces et par morceaux. Dans des expériences de Herrick et Coghill[1] sur des salamandres, la première réaction nerveuse est une réaction locomotrice totale. Plus tard seulement, une patte est capable de répondre isolément aux excitations. Les réflexes locaux sont de formation secondaire[2] ; ce qui est primitif c'est un rythme, une réaction d'ensemble. Le réflexe du nouveau-né, qui consiste à porter la main à la bouche, n'est pas accompli par la main seule. La tête s'abaisse en même temps. L'enfant n'exécute pas certains mouvements stéréotypés du bras et de la main ; ses mouvements ont pour but d'unir, *d'une manière ou d'une autre*, la main et la bouche[3].

Devant ces faits, il est difficile de continuer à croire, avec Dumas[4], que « des générations de chercheurs pourront se livrer à l'exploration fonctionnelle du système nerveux, avant de rencontrer les limites d'application de l'hypothèse » (qui consiste à réduire le comportement de l'animal à un enchaînement de processus physico-chimiques, sans jamais faire intervenir un seul maillon psychologique). Les limites sont déjà rencontrées.

Mais alors que conclure ? Si l'interprétation matérialiste fait faillite, par quoi la remplacer ? Comment échapper alors à la mythologie et au cercle vicieux du

1. Citées par Larguier des Bancels, *Introduction à la psychologie*, [*op. cit.*,] p. 139.

2. *Ibid.*, p. 140.

3. *Cf.* les observations de Miss Shinn.

4. [G. Dumas,] *Nouveau Traité de psychologie*, [*op. cit.*,] I, p. 152.

spiritualisme anthropomorphique, à l'imagination de la
« petite âme » (« fontenier », aiguilleur, demoiselle du
téléphone), cachée dans les cellules nerveuses, expliquant
notre psychologie par la sienne ?

a) Il est clair que la théorie de la chronaxie, de
Lapicque, quelque grand que soit son intérêt au point
de vue physiologique, ne constitue pas une réponse à
notre question. L'accord ou le désaccord des chronaxies
une fois réalisé, on comprend que l'influx nerveux
passe ou ne passe pas dans tel faisceau ; mais il s'agit
de comprendre quel principe commande et organise les
iso- ou hétéro-chronismes de manière à produire les
phénomènes de coordination que l'expérience constate.
Lapicque a découvert un procédé d'action et non un
principe d'action. Si l'inhibition, par exemple, agit en
modifiant un isochronisme ou un rapport chronaxique
défini des éléments divers de la chaîne des neurones,
il reste toujours à savoir ce qui peut régler le jeu des
inhibitions. L'examen psychologique des aphasiques, de
leurs intoxications et persévérations verbales, montre,
par exemple, combien subtil et approprié doit être ce
réglage pour que le langage soit possible.

b) Spaier[1] propose de comprendre le caractère total
et finaliste du réflexe en le replongeant dans l'unité de
l'instinct. « L'instinct est l'animateur et peut-être la
poussée organisatrice de ce grand concours de fonctions
biologiques ; c'est lui qui en fait des instruments de
conservation et d'expansion[2]. » Ainsi – et nous verrons
que c'est ce qu'il y a d'incontestablement juste dans cette
thèse – « l'entrée du réflexe dans la conscience cesse de

1. S'inspirant de la psychologie de Mac Dougall.
2. *Recherches philosophiques*, II, [1933,] p. 68.

paraître aussi vaine qu'inexplicable : il n'en était jamais tout à fait sorti [1] ».

Mais il faut avouer que l'intervention de l'instinct éclaire peu la situation, surtout dans le sens très vaste et vague où Spaier prend ici le mot, qui apparaît presque synonyme de « force vitale ». Dire que « le travail du tube digestif se subordonne à l'instinct alimentaire », cela ne nous avance pas. Expliquer l'inhibition rapide du réflexe palpébral, lorsque c'est son propre poing que l'on approche de son œil, en invoquant l'instinct de conservation, considérée comme une appréciation psychologique du danger, cela n'est sans doute pas faux, mais prendre les choses de si haut, est-ce encore expliquer ?

c) La réponse de la *Gestalt-theorie*, ici comme ailleurs, mérite un examen approfondi. De même qu'elle rejette, avec raison, la théorie de la mosaïque pour la perception, elle rejette la théorie de l'interconnexion préformée des éléments nerveux dans le cas du réflexe. Prenons comme exemple le réflexe par lequel l'œil amène sur la tache jaune un stimulus (point brillant, etc.) ayant atteint un point quelconque de la rétine. Dans l'hypothèse de l'interconnexion toute faite, il faut donc que chaque point de la rétine – puisque le réflexe est déclenché par n'importe quelle situation du point brillant – et que chaque fibre du nerf optique, ait dans le centre oculogyre [2] une connexion particulière avec les nerfs moteurs commandant les mouvements des yeux [3].

---

1. *Recherches philosophiques*, II, [1933,] p. 69.
2. À supposer que cette expression soit absolument légitime.
3. *Cf.* [K.] Bühler, *Geistige Entwicklung*, [Iena, Fischer, 1918,] p. 103.

Ce n'est pas tout. L'œil, au moment où il accomplira le réflexe, n'aura pas toujours la même position relativement à la tête. Cela impliquera une innervation différente des muscles de l'œil; chaque fibre du nerf optique (et leur nombre est voisin du million) devra donc posséder non pas une, mais une énorme quantité de connexions avec les nerfs moteurs, suivant chaque position de l'œil. Enfin, des mouvements de la tête se combinent souvent avec les mouvements de l'œil; il faudra donc une nouvelle série de connexions pour coordonner les actions du « centre » oculogyre et du « centre » céphalogyre. Soit qu'on interprète l'hypothèse du point de vue du nativisme ou de l'empirisme, elle se révèle, quand on l'examine de près, parfaitement inacceptable, et l'on comprend que les psychologues allemands aient cherché autre chose.

D'après Köhler[1], le réflexe de fixation fovéale n'est pas une pure question d'interconnexion, il est une improvisation dynamique. L'organe, optique, pris dans son ensemble (comme appareil sensitif autant que moteur) est auto-régulateur. L'œil se meut de manière à obtenir un état d'équilibre dans le champ de la perception, conformément à la valeur fonctionnelle privilégiée de la *fovea*. Les psychologues allemands font grand état d'une expérience déjà ancienne de A. Marina[2]. Celui-ci, opérant sur des singes, intervertit les muscles droit interne et droit externe de l'œil, puis, le droit supérieur et le droit externe. Si le réflexe était une affaire d'interconnexion préétablie, l'animal opéré devrait faire les plus curieux

1. *Die physische Gestalten [in Ruhe und im stationären Zustand]*, [Braunschweig, Friedr. Vieweg & Sohn, 1920,] p. 201-202 et 262-263.

2. *Cf.* [T.] Ziehen, *Zeitschrift f[ür] Psych[ologie]* 1915, p. 142-143.

mouvements oculaires. En fait, aussitôt guéri, le singe exécute normalement ses réflexes.

Cette interprétation contient certainement d'importants éléments de vérité. Ce qu'elle renferme de plus juste, c'est l'idée de l'union étroite entre la sensibilité et la motricité dans le réflexe. La fonction sensorielle ne déclenche pas une fois pour toutes la réponse motrice, mais la forme spécifique de l'objet vu règle elle-même à chaque instant le mouvement des yeux. Son défaut est celui de toute la *Gestalt-theorie* : l'appel fait à un dynamisme élémentaire. Pourquoi la *fovea* exercerait-elle une attraction d'ordre physique ou physiologique ? La seule réponse, insuffisante, qu'on nous donne est qu'elle est « le centre et la région la plus efficiente [1] ».

Encore le réflexe choisi est-il particulièrement favorable. Mais comment transposer l'explication pour le cas du chien décérébré que l'on bouscule et qui, quelle que soit la direction de la bousculade, fait les mouvements nécessaires pour reprendre son équilibre ? Ici, le mot équilibre a un sens profondément différent de celui qu'il a dans le plan du dynamisme simple. L'équilibre du chien a une signification biologique et psychologique – car enfin le chien serait en meilleur équilibre physique, s'il se laissait coucher sur le flanc. Examinons ce qui se passe en nous dans ce jeu qui consiste à se laisser tomber en arrière tout d'une pièce dans les bras d'une personne qui doit nous retenir. Nous sentons à la fois le déséquilibre inusité du corps et la « force » – à laquelle nous devons résister selon les règles du jeu – qui nous pousse à faire les mouvements compensateurs nécessaires. Mais il serait évidemment absurde de voir dans la sensation de

1. *Cf.* [K.] Koffka, *The Growth of the Mind*, [*op. cit.*,] p. 83.

cette « force » – de cet instinct plutôt – l'expression d'un état dynamique de la zone motrice et la confirmation de la thèse de Köhler. La vérité est que, au moment de la chute, c'est l'arrêt des mouvements musculaires qui est senti comme effort. L'effort est relatif à un schéma conscient des mouvements adaptés à la situation qui doivent être accomplis. *La recherche instinctive de l'équilibre n'est donc pas un épiphénomène d'un processus d'équilibration dans nos cellules nerveuses.* C'est ce qui est encore plus évident si l'on prend comme exemple cet autre jeu – peu recommandable – qui consiste à savoir lequel des deux occupants du siège avant d'une automobile, laissera l'autre redresser le volant avant la chute dans le fossé.

d) Il en est donc exactement pour la « souplesse » du réflexe comme de la souplesse de la perception ; elle ne peut être comprise qu'à une seule condition, il faut admettre que le réflexe, le réflexe réel et non le réflexe livresque, implique, non moins que la sensation ou l'image, l'existence d'une surface vraie, avec les propriétés essentielles d'une surface vraie : auto-conduction et finalité. Le réflexe n'est pas une succession aveugle de mouvements ; c'est un schéma qui semble lui-même se dominer, se voir de haut, et qui est, par suite, organisé. Beaucoup de réflexes, surtout les réflexes d'équilibration, sont commandés par une multitude d'excitations variées (incitations labyrinthiques, sensations musculaires, sensations de contact). Ces excitations ne s'ajoutent pas, elles se composent par « survol » comme des idées. La preuve, c'est que, dans le cas de désaccord entre les différentes sensations (par exemple celle du labyrinthe et celle de la vue), qui nous renseignent normalement sur les variations de position de notre corps, nous éprouvons une impression particulière telle que le « vertige rotatoire », alors que, s'il y avait addition mécanique, le réflexe simplement ne se produirait pas.

Le fonctionnement d'un ensemble coordonné d'arcs réflexes, même purement médullaires, ne se comprend donc pas plus, objectivement, que le fonctionnement du cerveau. Le caractère coordonné du fonctionnement est inconcevable si l'on ne suppose, dans l'être réel qui nous apparaît comme un centre nerveux, des liaisons inconnaissables et subjectives de même ordre que celles qui constituent l'intuition de la conscience.

Les réflexes localisateurs. – Le cas des réflexes localisateurs, dont le type est le *scratch-reflex* étudié par Sherrington, est intéressant parce qu'il est douteux. La patte d'un chien se porte vers le point de la peau du dos ou des côtes que l'on a excité, et y exécute des mouvements rythmiques de grattage. Deux interprétations sont possibles : 1) L'une invoque des associations nerveuses préformées. Elle s'appuie sur le fait qu'il y a des points de réception bien organisés pour le réflexe. On peut étudier la répartition de ces points sur le dos et les flancs du chien. La localisation de l'excitation, celle de la réaction, le rapport de la réaction à l'excitation, tout a un sens purement *anatomique*. Le réflexe localisateur représenterait donc un cas tout différent de celui des réactions, localisatrices aussi à leur manière, provoquées par la vision. 2) Qu'il y ait une énorme différence de complexité entre les localisations visuelles et la localisation dans le *scratch-reflex*, c'est évident, mais peut-on soutenir que dans ce dernier cas, chaque point sensible de la peau du chien ou de la grenouille commande un arc anatomiquement distinct ? C'est évidemment possible, mais c'est ce que l'examen des faits rend très douteux. Comment comprendre en effet, dans cette hypothèse, les faits constatés de sommation, d'inhibition et d'adaptation? Deux irritations trop faibles, prises à part, pour provoquer le réflexe, le déclenchent chez le chien spinal quand elles s'exercent à la fois, surtout sur des points voisins. Si l'on excite à la fois les deux flancs du chien, le réflexe est inhibé du côté où l'excitation est la plus faible. Enfin, la nature de l'excitation intervient : nocives, elles ont la prépondérance sur les excitations simplement tactiles. Ces faits prouvent déjà que chaque mouvement réflexe n'existe que relativement à un ensemble.

L'argument anatomique tiré de la pluralité des points distincts sur la peau et des arcs afférents également distincts, jusqu'à la moelle qu'ils commandent, perd beaucoup de sa valeur si l'on songe que dans la moelle, les neurones moteurs qui commandent les mouvements de la patte sont reliés à tous les points de réception et représentent ainsi une étape commune. Il est donc permis de se demander s'il ne faudrait pas renoncer à la théorie des conducteurs pré-formés aussi bien pour les réflexes localisateurs que pour les gestes localisateurs dirigés par la vue. Quand je pose mon doigt sur un point brillant apparaissant à telle ou telle place dans le champ visuel, on ne peut soutenir que chaque point de la rétine commande *anatomiquement* tel geste de mon bras ; et c'est le cas complexe qui doit faire comprendre le cas le plus élémentaire. Dans cette hypothèse, l'étape commune médullaire correspondrait objectivement à un embryon subjectif de *formes* tactiles. On comprend beaucoup mieux ainsi que chez l'animal intact, le réflexe soit plus perfectionné et plus précis que chez l'animal spinal chez lequel le *scratch-réflexe* n'est souvent qu'un geste imparfait et inefficace. Il est illogique de mettre une différence absolue de nature entre le réflexe médullaire et le contrôle cérébral, alors que celui-ci peut perfectionner le premier. Si le réflexe médullaire était un fonctionnement selon une anatomie définie, pourquoi serait-il si vague, au lieu d'avoir la précision stéréotypée d'une machine, et comment pourrait-il être amélioré par un contrôle conscient ? On le comprend très bien au contraire si l'intervention cérébrale implique la mise au point d'un espace psychologique imparfait. C'est pour cela que la transition est insensible, du réflexe proprement dit, à ce que Revault d'Allonne et Pierre Janet appellent « les conduites schématiques » ou « les schémas perceptifs » – du *réflexe* de téter du nouveau-né, à l'*action* de téter de l'enfant plus âgé.

Il faut donc probablement retourner la thèse de Piéron[1] qui veut expliquer la perception spatiale par la prise de conscience des réflexes localisateurs visuels et tactiles. La souplesse d'adaptation des réflexes localisateurs est inconcevable, s'ils ne sont pas dirigés par la conscience, aussi grossière que l'on voudra, d'un espace psychologique.

Les réflexes conditionnels. – Comment, se demande Pavlov, se forme le réflexe conditionnel ? Il faut que le nouvel agent extérieur, indifférent jusque-là, coïncide avec l'action d'un agent déjà actif sur l'organisme : « Dans ces conditions, le nouvel agent entre dans cette relation et contribue à la réaction. » Étudié de plus près, dans les centres supérieurs, le phénomène se passe ainsi :

> Quand le nouvel excitant, jusque-là indifférent, *trouve* dans les hémisphères un foyer d'excitation intense, *il tend à se frayer un chemin* vers ce foyer, puis vers

---

1. [H. Piéron,] *Le Cerveau et la pensée*, [Paris, Alcan, 1923,] chap. IV.

l'organe correspondant; il devient par là même un excitant de cet organe [1].

Il ne faudrait pas abuser d'une maladresse de rédaction – ou plutôt de traduction – pour souligner le caractère contradictoire d'une telle explication. Mais cette contradiction n'est pas une question de vocabulaire ou de syntaxe, elle tient au fond des choses. Le langage objectif et physiologique de l'expérimentateur, ne peut pas ne pas trahir un mode de causalité d'un ordre tout particulier dans lequel un excitant va s'associer à un autre, non par l'effet d'une irradiation vague et progressive, ou par un cheminement inexplicablement orienté, mais parce qu'ils existent tous les deux dans l'unité essentielle d'un champ, qu'il est impossible de concevoir sur le modèle d'une surface physique.

Les psychologues de la *Gestalt-theorie* n'ont pas manqué de critiquer de leur point de vue les interprétations de Pavlov, et Pavlov a lui-même reconnu la difficulté de comprendre autrement que par l'idée de configuration, des expériences comme celles de Babkine ou de Smolensky, dans lesquelles l'excitant conditionnel est une série dans un certain ordre, ou comme celles de Nicolaïev dans lesquelles c'est une combinaison définie d'agents qui joue le rôle d'excitant. Si l'on prétend considérer isolément un des agents de la combinaison, son action est déconcertante et contradictoire. Dans une de ses expériences, les trois agents sont de la Lumière, un battement de Métronome, et un Son, produisant respectivement un nombre de gouttes de salive suivant le tableau. Le son est donc inhibiteur dans le duo L + S, nul

1. [I.] Pavlov, *Les Réflexes conditionnels*, [*op. cit.*,] p. 97. L'italique n'est pas dans le texte.

$$L = 10 \text{ gouttes}$$
$$L + S = 0 —$$
$$L + S + M = 10 \text{ gouttes}$$
$$S = 0 —$$
$$L + M = 10 \text{ gouttes}$$

dans le trio L + S + M, et il reste inactif isolé, bien qu'ayant toujours été accompagné d'un repas dans le trio L + S + M. Il existe donc, conclut Pavlov [1], une sorte d'équilibre nerveux dont on ne peut préciser davantage la nature. La vérité, conclut la *Gestalt-theorie*, c'est que duo et trio sont des configurations, par conséquent des unités psychologiques primaires et indissociables. L'établissement d'un réflexe conditionnel c'est, en réalité, la formation d'une configuration, et la preuve en est que le réflexe conditionnel ne s'établit pas si le chien est assoupi ou distrait.

On peut considérer comme un véritable réflexe conditionnel l'exemple classique de Meynert et de Stuart Mill : l'enfant qui se brûle à une flamme l'évite désormais. Rien de plus pénible que les interprétations physiologiques du phénomène tant qu'elles prétendent s'en tenir à un « de proche en proche » tout physique. Il faut en effet expliquer comment les voies cérébrales que suivent les excitations visuelles et douloureuses peuvent s'adjoindre d'autres voies grâce auxquelles le réflexe primitif de préhension sera inversé. Des théories comme celle de James sur la polarisation des voies nerveuses et le drainage des éléments situés au voisinage de la voie

---

1. [I.] Pavlov, *Les Réflexes conditionnels*, [*op. cit.*,] p. 82-83. *Cf.* un commentaire sur Pavlov dans le *Nouveau Traité de psychologie* de Dumas, [*op. cit.*,] II, p. 34.

active, ne sont que des constructions arbitraires, qui ajoutent leurs invraisemblances propres, à celles de la « perception par mosaïque ». Ce drainage, pris à la lettre, ne tarderait pas à transformer le fonctionnement nerveux en une indifférenciation totale, par une action analogue à celle de l'érosion dans le monde physique. Sur ce point encore, une explication inspirée de la *Gestalt-theorie* est très supérieure. Le vrai rôle de la douleur, dans l'exemple de Meynert, est d'exciter l'attention, et de provoquer les circonstances favorables à la construction d'une configuration nouvelle. C'est pourquoi, si l'enfant, dans l'ardeur et l'excitation du jeu, se brûle par hasard, sans le remarquer, l'expérience douloureuse ne lui apprendra rien. Le réflexe acquis est un véritable apprentissage exigeant, comme tout apprentissage, l'intervention de l'attention [1].

On est même tenté de dire que le cas du réflexe conditionnel est trop favorable à la *Gestalt-theorie* en ce sens qu'il semble confirmer ce qu'elle contient de contestable : l'interprétation dynamique. Dans l'irradiation et la concentration de l'inhibition interne, on croit surprendre l'action d'une sorte d'onde luttant contre d'autres ondes excitatrices et désinhibitrices, au point, pour reprendre le mythe de Pavlov, que si l'excitation était lumineuse, on pourrait voir, à travers la boîte crânienne transparente, la zone de lumière se déplaçant et s'étendant, au milieu de l'ombre symbolisant l'inhibition dont elle frappe tout le reste. Le caractère dynamique de ces déplacements d'inhibition est frappant surtout quand il y a antagonisme entre deux réflexes, par exemple

1. Un papillon n'apprend pas à éviter la flamme. Un enfant n'est pas capable de cet « apprentissage » avant l'âge de 6 mois. (*Cf.* [J. B.] Watson, *Psychology from the standpoint of a Behaviourist*, [Philadelphia-London, Lippincott, 1919,] p. 278).

entre le réflexe de garde (hostilité contre toute personne
entrant dans un endroit clos où le chien se trouve avec
son maître), et le réflexe alimentaire. Quand la personne
munie des stimulants du réflexe alimentaire entre dans
la pièce close, les deux réflexes luttent et s'équilibrent
entre eux « comme les deux plateaux d'une balance ».
« Il suffit d'augmenter la quantité d'excitants d'un des
réflexes [par exemple sortir la viande du bocal, ou au
contraire, lever la main sur le maître], comme on ajoute
des poids sur l'un des plateaux de la balance, et ce réflexe
triomphe de l'autre [1]. »

Que, dans certains cas simples, l'inhibition ait le
caractère d'une réalité matérielle se déplaçant dans le
cerveau par cheminement de proche en proche, cela
paraît à première vue incontestable. On constitue, sur un

chien, un certain nombre de réflexes
cutanés égaux, en quatre points par
exemple, éloignés l'un de l'autre [2].
Puis, on inhibe (par des excitations
non suivies d'effet) le point le plus
antérieur [3]. On constate alors que
l'inhibition s'étend progressivement
aux autres points (2, 3, 4), puis
revient se concentrer finalement au
point 1, en cessant de faire sentir
son effet successivement sur 4, 3
et 2. L'expérimentateur peut suivre
dans le temps ce déplacement sur la peau et son passage,
aller et retour, aux points intermédiaires, ce qui signifie

1. [I.] Pavlov, *Les Réflexes conditionnels*, [*op. cit.*,] p. 263.
2. *Ibid.*, p. 278.
3. *Ibid.*, p. 278.

un déplacement réel dans la partie du cortex où se projette la surface cutanée. Il semble difficile de relever le défi que Pavlov adresse aux psychologues de donner du phénomène une interprétation autre que strictement physiologique – au sens le plus « objectiviste » du mot. Et pourtant, il suffit de rapprocher de cet exemple des exemples exactement parallèles empruntés au fonctionnement d'analyseurs autres que l'analyseur cutané, pour que des doutes s'élèvent sur le caractère simple et élémentairement dynamique de l'inhibition.

Soit l'inhibition qui se manifeste au cours de la différenciation progressive des excitants auditifs : on élabore un excitant conditionnel avec un son de 800 battements à la seconde [1]; les sons voisins, d'abord également efficaces, perdent peu à peu leur action, si bien que le chien arrive à différencier deux sons de 800 et 812 battements à la seconde (un huitième de ton).

Cette différenciation se fait grâce au développement d'un processus venant inhiber les sons voisins : en effet, l'application du son de 812 inhibe momentanément le son efficace de 800. Il faut attendre quelques minutes pour que l'inhibition se dissipe et pour que le réflexe conditionnel à 800 vibrations reparaisse. L'expérience est donc *exactement* identique à celle de l'excitant cutané. Au lieu des points 1, 2, 3, 4 (1 étant inhibiteur), on peut considérer les sons 812, 800, 788 et 776 (812 étant inhibiteur). Dans l'un et l'autre cas, l'inhibition s'étend du point 1 ou du son 812, progresse vers les autres points

1. *Ibid.*, p. 199.

ou les autres sons, puis revient se concentrer au point 1 ou au son 812.

Mais alors, peut-on s'imaginer que l'inhibition se promène en aller et retour le long de la gamme, c'est-à-dire le long d'une ligne purement conventionnelle, comme sur la peau du chien? Peut-on soutenir, dans le cas du son, que l'irradiation et la concentration du réflexe se ramènent à l'action d'une force qui se déploie dans l'aire cérébrale auditive comme sur une surface physique[1]? N'est-ce pas un indice sérieux que l'aspect tout « géographique » des variations de l'inhibition dans le réflexe par excitation des points de la peau, n'est qu'un effet secondaire qui risque de nous tromper sur la vraie nature de l'inhibition et du réflexe? Il paraît bien plutôt que la loi de concentration du réflexe conditionnel positif ou négatif est une *mise au point*, qui n'est pas un fait dynamique, mais qui a une signification dans un

---

1. Avec, d'ailleurs, le maximum d'invraisemblance, on pourrait, il est vrai, prétendre qu'un son donné correspond à une cellule de la zone auditive, et que l'inhibition s'étend aux autres cellules puis les abandonne. Pour couper court à ce genre d'hypothèses, il suffit de rappeler que l'excitant conditionnel peut être « une certaine fréquence des battements d'un métronome », et l'inhibiteur différencié une fréquence voisine.

Cette fois, on ne peut soutenir que la perception d'une fréquence donnée est localisée dans le cerveau, et que l'échelle des fréquences est une réalité *topographique* corticale. De même, comment peut-on dire à propos de la différenciation par le chien du cercle et de l'ellipse, que « le processus d'excitation a dû subir une concentration de plus en plus intense et sur un espace de plus en plus petit, à la suite de l'inhibition de différenciation qui la limitait de plus en plus » ([G.] Marinesco et [A.] Kreindler, *Les Réflexes conditionnels*, [Paris, Alcan, 1935,] p. 113). L'impossibilité de transposer l'espace psychologique en espace physique est ici palpable.

ensemble obéissant à des lois très différentes de celles d'une surface géométrique.

C'est parfaitement évident en toute hypothèse dans le cas de l'antagonisme du réflexe alimentaire et du réflexe de garde. Ces « réflexes » sont de véritables instincts, entraînant toute une activité compliquée et harmonieuse, et non pas des mouvements ou des sécrétions localisées et stéréotypées[1]. Lors donc que l'un inhibe l'autre – d'une manière pratiquement instantanée – il ne saurait être question d'une force se propageant selon des lois simples, sur une surface physique ; il s'agit du remplacement de toute une attitude d'ensemble par une autre attitude immédiatement organisée. L'inhibition n'est que l'aspect négatif du fait que la surface psychologique est occupée d'une manière nouvelle. Notre champ psychologique est occupé *dans son ensemble* par un schéma ou par un autre, l'inhibition signifiant l'incompatibilité et l'antagonisme des deux schémas.

Le dynamisme – ainsi que la rivalité dynamique – dans le conditionnement met en jeu des thèmes non matériels et non localisables, analogues aux "forces" psychanalytiques, et qu'il est impossible de représenter complètement par des vecteurs, comme les forces physiques.

1. Il ne saurait être question d'un « centre » cérébral de pareils « réflexes ».

TROISIÈME PARTIE

CONSCIENCE ET ORGANISME

Nous nous sommes efforcés, jusqu'à présent, d'aller du plus certain au moins certain, et c'est pourquoi nous avons opposé les êtres physiques aux êtres conscients, la conscience au corps plutôt qu'à l'organisme. La biologie est sans doute pour longtemps encore la zone la plus obscure du système des sciences, et la philosophie ne peut l'aborder que d'une manière oblique. Le temps est fini où l'on s'imaginait que les sciences biologiques allaient être progressivement absorbées par les sciences physico-chimiques. On assiste, depuis vingt ans surtout, à une décadence rapide et frappante de cet espoir, philosophiquement peu intéressant, nous avons vu pourquoi. Tout au contraire, on essaye aujourd'hui un peu partout d'aborder la zone obscure par l'autre frontière par la psychologie.

Il faut bien comprendre qu'il s'agit de tout autre chose que d'un retour au vitalisme. Lorsque nous observons et étudions un organisme, notre connaissance ne saisit qu'un édifice d'éléments déjà connus du physicien[1] ; ce qu'elle laisse échapper, ce n'est pas un principe directeur,

---

1. Et se mouvant selon des lois auxquelles on a cru, mais auxquelles on ne croit plus, être celles de la physique.

mystérieusement *tangent* à la nature, c'est, comme dans tous les autres cas, la forme réelle, et par soi subsistante, de cette structure. Nous sommes donc dispensés de recourir, parce que nous en avons retenu et généralisé d'avance l'essentiel, à des conceptions comme celle de l'« entéléchie » de Driesch, de la « psychoïde », de Bleuler, ou de la « syneidésis » de von Monakow. C'est à propos de la biologie surtout que l'on saisit à quel point l'extension universelle du parallélisme, tel qu'il est proposé par Höffding et par Lloyd Morgan[1], n'est pas une fausse fenêtre pour la symétrie. Que ce parallélisme doive lui-même ensuite être éliminé, cela ne change rien pratiquement à son utilité.

Il faut donc maintenant se rappeler que l'édification du système nerveux est un fait biologique; il faut marquer les rapports du biologique au psychologique. La question est d'autant plus importante que plusieurs propriétés considérées comme d'essence psychologique appartiennent en fait à tous les êtres vivants. Aux manifestations « psychoïdes » énumérées par Bleuler[2] : 1) manifestations mnémiques; 2) faculté d'intégration; 3) manifestations téléologiques, il faut ajouter peut-être : 4) une sensibilité et une appétition embryonnaires. Or, ces manifestations « psychoïdes » sont comme des états naissants de ce qui apparaîtra avec netteté à l'étage psychologique. Nous avons cru pouvoir définir la conscience comme la forme du système nerveux – et pourtant une amibe semble parfois se comporter comme si elle était consciente; elle est capable de mémoire, d'adaptation active, etc. On dirait, selon le

1. Sous le nom de « unrestricted concomitance ».
2. [E.] Bleuler, *Die Psychoïde [als Prinzip der organischen Entwicklung]*, [Berlin, Springer-Verlag, 1925].

mot de S. Butler[1], que les êtres vivants inférieurs ont des propriétés plus remarquables que ne le laisserait prévoir leur structure.

La difficulté apparaît saisissante, si l'on songe à l'étrange dualité de la mémoire, ou plutôt à la Mnème, au sens des Allemands. D'une part, la mémoire psychologique est, d'une manière ou d'une autre, liée au système nerveux, et même au cortex ; d'autre part, il faut bien une sorte de mémoire biologique pour édifier, dans l'embryogénie, le système nerveux lui-même. L'habitude est en un sens plus primitive que le réflexe, puisqu'il y a des habitudes et des rythmes induits chez les végétaux et chez des animaux sans système nerveux ; et pourtant l'habitude, chez les êtres supérieurs, est aussi une harmonisation secondaire des réflexes. De même encore le système nerveux, qui est en un sens l'organe de la conscience, c'est-à-dire de la subjectivité la plus momentanée, la plus superficielle, la plus purement de circonstance, est d'autre part, d'après les résultats des expériences de régénération, une sorte de régulateur de la vie organique, surtout chez les vertébrés[2]. Le cerveau est la condition de l'intelligence finaliste, et, pourtant, on dirait qu'une intelligence capable de finalité a dû présider à l'édification des appareils cérébraux eux-mêmes[3].

1. *Les Carnets*, publiés dans *Europe*, mars 1935.
2. Locatelli a pu obtenir la formation d'un membre sur le dos d'un triton en détournant le nerf sciatique, et en fixant son extrémité libre dans la masse musculaire dorsale. Guyénot a montré, il est vrai, que l'action du nerf n'avait rien de spécifique puisque, dérivé sur d'autres territoires, il détermine des néoformations différentes selon ces territoires.
3. Aussi des psychologues contemporains de premier plan, comme Delacroix, par exemple, cèdent à la tentation, d'ailleurs partiellement justifiable, de mettre partout la conscience, l'intelligence. Mais le danger de cette tendance c'est qu'elle risque de

Ne sommes-nous donc pas ramenés malgré nous à une conception proche de celle que nous avons pourtant critiquée : à savoir qu'il n'y a qu'une différence de degré, et non de nature, entre les subjectivités des êtres, qu'ils aient ou non des organes, des sens et des systèmes nerveux ? Si la structure du système nerveux n'a qu'un rôle de renforcement, si tout l'essentiel est déjà dans les éléments de cette structure, toutes nos conclusions sont à réviser.

La réponse, c'est que les propriétés de la conscience ne sont pas homogènes. Certaines – toutes celles précisément, qui dérivent de son caractère de *surface* : la perception, la finalité instantanée, l'intelligence, correspondent bien à la présence objective d'un appareil nerveux compliqué, qui signifie, pour les animaux, la conquête de l'espace et la possibilité d'une adaptation immédiate à ce qui survient dans cet espace. Mais certaines autres ne sont sûrement pas liées à la forme d'ensemble du système nerveux ; elles appartiennent à toute cellule vivante, et quand elles passent dans la vie psychologique supérieure, il est fort possible qu'elles ne soient qu'un effet de « sommation » des propriétés cellulaires. En d'autres termes, tout le psychologique a un double caractère : sous sa forme la plus élevée, celle que nous avons étudiée exclusivement jusqu'ici, il est d'un ordre essentiellement différent de la subjectivité cellulaire, mais, sous d'autres formes, il n'est bien,

corriger l'erreur matérialiste par une autre du même genre, en expliquant l'inférieur par le supérieur. On ne saurait comprendre, remarque Wallon (*Revue de Synthèse*, avril 1935), comment la conscience crée ses instruments avant d'exister.

comme le veut Bleuler, qu'une « psychoïde » à un degré de concentration particulièrement élevé [1].

Ce qui a fait méconnaître ce point capital, c'est que les deux formes se mêlent inextricablement dans une fonction donnée, et que la psychologie est une science trop peu avancée pour ne pas avoir été dupe de l'unité apparente des grandes fonctions. La mémoire ou l'habitude en est le cas le plus frappant. Celui de la sensibilité qualitative n'est pas moins caractéristique : certaines qualités, nous l'avons vu, sont une appréhension confuse et protopathique de formes vraies, et sont à mettre sur le même plan que celui de la sensation extensive ; mais il y a probablement une sensibilité élémentaire : obscures sensations de bien-être ou de malaise, appétits, etc., qui a une tout autre signification et qui n'est sans doute que le reflet cérébral de notre être organique.

Bien entendu, de graves difficultés subsistent. L'ordre d'ensemble qui, dans l'organisme, domine la vie individuelle des cellules, il est impossible d'une part de la considérer comme une simple résultante de l'inter-adaptation de ses cellules – puisque, nous l'avons vérifié au moins pour le système nerveux, on ne saurait considérer le cerveau comme une colonie de cellules nerveuses – et il est exclu également d'en faire l'analogue d'une image consciente, puisque ce serait retomber dans la thèse inadmissible qui n'attribue au système nerveux qu'un

---

1. S'il ne faut pas admettre, à la manière leibnizienne, des « petites perceptions » dans les cellules, on peut fort bien croire à une « petite sensibilité » ou à une « petite mémoire » cellulaire. Il n'y aurait pas d'estomac ou de poumons chez les animaux supérieurs si les cellules n'étaient capables individuellement de digérer ou de respirer. Il n'en faut pourtant pas conclure que chaque cellule a des petits poumons ou un petit estomac.

rôle de renforcement et rend sa forme propre inefficace et inutile. La difficulté est en quelque sorte soulignée dans le cas du mimétisme si curieux de certains insectes, dont les ailes reproduisent jusqu'aux nervures, jusqu'aux taches habituelles des feuilles parmi lesquelles ils se posent[1]. Si l'on rejette, comme il semble y avoir quelques raisons pour le faire, l'explication par la sélection naturelle, tout se passe comme si l'insecte avait été capable de se voir lui-même du dehors, comme un peintre s'éloigne de sa toile, de manière à juger de l'effet d'ensemble, et à diriger en conséquence le comportement de ses cellules au moment où elles dessinaient les pseudo-nervures. Son « entéléchie », pour emprunter un instant ce mot, semble se manifester ainsi comme une véritable image – mais produite par quel organe sensoriel ?

Pour rendre encore d'une autre façon la difficulté palpable, nous pouvons dire que, si l'on considère le système nerveux, il doit ainsi avoir deux formes réelles – c'est-à-dire une de trop : 1) celle que nous intuitionnons comme champ de conscience ; 2) celle qui impose aux cellules qui le constituent leur organisation générale. L'embryon presque à terme a déjà un système nerveux organisé, avant d'avoir un champ de conscience, et d'ailleurs on ne peut soutenir que ce sont nos sensations ou nos images, même si l'on admet qu'elles incarnent un certain étage des liaisons du cortex, qui empêchent notre cortex d'être une pure accumulation de cellules. Il y a donc nécessairement une différence d'étage entre l'unité-organisation et l'unité-conscience, mais une différence dont la nature nous échappe encore en grande partie.

1. Le cas de la couleur des œufs des coucous est tout à fait analogue.

L'unité-organisation se montre apparemment capable d'une véritable finalité, d'une finalité par « survol », et pourtant, il est impossible de l'assimiler à l'unité du champ de conscience qui est la condition normale d'une telle finalité.

Le meilleur fil conducteur que nous ayons dans cette question nous est fourni par le cas de l'instinct, qui est une sorte de moyen-terme entre l'organisation et la conscience [1], ou plutôt un prolongement de l'organisation dans la conscience, une preuve que l'unité réelle qui coordonne le développement cellulaire dans l'embryogénie du système nerveux, n'est pas, malgré tout, essentiellement distincte du domaine qui sera spécialement la conscience de l'animal [2]. De même que le système nerveux est une partie de la structure totale de l'organisme, la conscience est reliée à la subjectivité d'ensemble de l'être vivant. Elle est contenue dans les potentialités de l'œuf au même titre que l'appareil respiratoire. La conscience est le terrain de rencontre des modulations d'origine externe et des instincts, c'est-à-dire des inconnaissables qui sont l'envers de la structure des vivants.

Lorsqu'un écureuil, isolé pourtant dès sa naissance, court cacher une noix avec les mouvements

1. C'est donc à très juste titre que von Monakow et Mourgue appellent « instinct » (« instinct formatif »), l'inconnu qui préside au développement embryologique (*Introduction biologique à la neurologie*, [*op. cit.*,] p. 46 *sq.*).

2. La preuve est particulièrement frappante dans les cas où l'instinct, dans une espèce, a des formes alternantes, parallèle aux formes alternantes de l'organisme. Citons à ce propos le cas du Criquet (Locuste), comportant deux phases morphologiques distinctes (L. danica et L. migratoria); [F.] Picard, *Phénomènes sociaux chez les animaux*, [Paris, A. Colin, 1933,] p. 90.

caractéristiques d'enfouir et de tasser la terre, alors qu'il ne dispose que du parquet de bois d'une chambre[1], son champ de conscience n'est vraiment qu'une partie de sa réalité biologique. Il est très remarquable que, même dans l'acte intelligent, les différentes étapes de la solution, des tâtonnements à l'intuition, obéissent, comme l'ont montré les expériences de A. Rey, à une sorte de loi génétique : « Le tâtonnement est dirigé par une organisation interne qui cherche à assimiler le milieu à sa structure[2]. » Le phénomène de la maturation, visible dans le domaine de l'intelligence, montre encore plus nettement que la finalité la plus consciente est comme portée par la finalité propre de la croissance organique.

La conscience ne fait donc pas vraiment double emploi avec l'« entéléchie », elle en est un domaine, elle en représente l'élément variable, perpétuellement modulé par le dehors, et perpétuellement assimilant et structurant le dehors. L'activation d'un instinct, et inversement la formation d'un instinct à partir d'une habitude, les modalités mêmes du comportement intelligent[3], manifestent la solidarité et l'unité profonde des deux formes que nous avions craint de découvrir.

1. [C. L.] Morgan, *Habit and Instinct*, [London-New York, Arnold, 1886,] p. 122.

2. André Rey, *L'Intelligence pratique chez l'enfant*, [Paris, Alcan, 1935,] p. 214 *sq*. *Cf.* également : « Si nous classons génétiquement les conduites individuelles, nous constatons qu'il est possible de former un certain nombre de groupes homogènes. Si nous reprenons maintenant la conduite isolée de l'individu… nous remarquons que les tâtonnements qui précèdent la réussite reproduisent tout ou partie de l'évolution générale dégagée par notre classement » (p. 215).

3. L'intelligence, à ce point de vue, peut être considérée comme un cas particulier d'adaptation biologique. *Cf.* A. Rey

La conscience au service du corps. – Il est indispensable, si l'on veut comprendre la conscience, de la considérer d'abord en elle-même, et sous sa forme, sinon la plus haute, du moins la plus caractéristique, qui est probablement la perception visuelle. Mais cette manière de procéder présente des inconvénients. Elle risque de donner une apparence faussement intellectualiste à la réalité psychologique, ainsi qu'une apparence faussement statique. Il y a une part de mode dans l'horreur actuelle, quoique peut-être légèrement décroissante, du « tout fait » en psychologie. Mais il y a une part de vérité aussi, et il faut reconnaître, avec Delacroix, « qu'il est vain de traiter la conscience comme l'étalage, dans une sorte de lieu-temps, de toutes sortes de données », et qu'elle est

(*L'Intelligence pratique chez l'enfant*, [*op. cit.*,] p. 13) : « L'intelligence se borne à ajuster cette fraction restreinte de l'organisme qui est le comportement sensori-moteur avec cette fraction restreinte au milieu qu'est l'univers perçu par l'être vivant. » (*Cf.* déjà [J.] Piaget, *La Causalité physique chez l'enfant*, [Paris, Alcan, 1927,] p. 316, où Piaget opère le passage du point de vue épistémologique au point de vue biologique). On saisit bien, par contraste, la faible portée de la critique adressée par Blanché, *La Notion de fait psychique*, au nom de l'idéalisme, à la notion « naturaliste » de la réalité psychologique. Les opérations intellectuelles, dit-il, ne sauraient être considérées comme des phénomènes naturels ([*op. cit.*,] p. 115), soumis à un déterminisme naturel. L'intelligence ne relève que de la vérité, elle a des raisons et non des causes, « il faut, ou nier la légitimité de la logique, ou admettre l'impossibilité d'une physique de l'intelligence » ([*op. cit.*,] p. 144). Mais la causalité réelle, pas plus en physique qu'en biologie ou en psychologie, ne ressemble jamais à cette causalité artificiellement définie, ou empruntée à une physique désuète. Dans toute action réelle, à quelque niveau que ce soit, il y a quelque chose qui est déjà, élémentairement, sens, raison, fin, valeur, parce que toute action est action selon une forme vraie, et non selon d'hypothétiques éléments.

au contraire « une aventure, un drame qui se construit [1] ».
Nous avons reconnu en effet que la conscience-surface
n'est qu'une limite d'épanouissement [2], que, même dans
la sensation, tous les détails donnés par l'ordre primaire
de l'excitant sont loin d'être tous psychologiquement
vivants. D'autre part, en essayant de définir la réalité
de l'organisme, la conscience nous est apparue comme
étroitement rattachée aux subjectivités – psychoïdes
cellulaires, entéléchie générale – qui sont l'être vivant. Il
n'est donc pas difficile de comprendre quelle est la vraie
racine de l'épanouissement conscient, quelle est la force
qui se sert des articulations de la surface consciente et
qui mène « l'aventure et le drame ». Cette force, c'est
évidemment la poussée de la vie organique, c'est notre
corps, non pas, bien entendu, notre corps-objet, pure
abstraction comme tout objet, mais notre corps réel. S'il
y a du vrai dans la thèse qui affirme que l'esprit « est
d'un autre ordre que la représentation, et qu'il n'est
spatial que par ses objets, comme les forces n'ont de
lieu que par leur point d'application », s'il est vrai que
« nous ne faisions le plus souvent qu'assister à nous-
même, comme un spectateur qui ne peut s'arracher à
la comédie pour connaître le texte et son auteur [3] », il
n'y a pas lieu cependant d'invoquer, dans une sorte de

1. *Les Grandes formes de la vie mentale*, [Paris, Alcan, 1934,]
p. 10.
2. *Cf.* [S.] Freud, *Essais de psychanalyse*, [trad.
S. Jankélévitch, Paris, Payot, 1927,] chap. II : « Le moi et le soi » :
« Nous comparerions volontiers [le *moi*, entité correspondant à la
projection d'une surface, par opposition au *soi*, plus profond] au
mannequin cérébral des anatomistes placé dans l'écorce cérébrale,
la tête en bas. » (p. 191.) Mais l'identification du *soi* de Freud et des
subjectivités organiques nous paraît s'imposer.
3. [R.] Poirier, *Essai sur quelques caractères des notions
d'espace et de temps*, [*op. cit.*,] p. 35.

métapsychologie, symétrique à la métaphysique, une « Providence intérieure », un Esprit organisateur, une Âme mythique. Il est contradictoire de prétendre que nous sommes deux fois étranger à la réalité, dans la direction du Moi comme dans la direction du Monde. Si la conscience n'est pas quelque chose d'absolument réel, quel sens pourrons-nous donc donner au mot réalité ?

Il est certes impossible d'oublier que notre conscience est dominée par des buts et des désirs, que nous appelons pourtant nôtres, eux aussi. Mais cela prouve que notre étage conscient doit compter avec des étages sous-jacents qui ne sont, ni moins ni plus que lui, au cœur de la réalité. Notre conscience est une forme-surface, sans être pourtant superficielle relativement à une réalité qui serait profonde. Sur ce point comme sur tous les autres, l'analogie est trompeuse entre la réalité de la conscience et les constructions de la géométrie abstraite. Notre conscience n'est qu'un « ordre d'affleurement [1] », son « épigenèse » lui reste à elle-même obscure ; elle est, nous l'avons reconnu, une zone de rencontre ; mais on peut en dire autant de toute réalité ; on peut dire de tout être qu'il s'éveille d'une nuit qui pour lui est mystérieuse. La forme de tout être dépend nécessairement de ses éléments, bien qu'elle les domine en ce qu'elle leur impose son unité. La vie et la réalité d'un organisme ou d'une société sont aussi des ordres d'affleurement et l'on y retrouve les deux faces indissolubles d'activité et de passivité : forme qui s'impose et forme qui dépend. Que cette dualité générale se trouve dans la conscience, il n'y a pas lieu à ce sujet de s'étonner, bien qu'il soit inévitable, d'un point de vue religieux et « existentiel », de « dramatiser ».

---

1. [R. Poirier, *Essai sur quelques caractères des notions d'espace et de temps, op. cit.*,] p. 380.

Il est certain toutefois que les rapports du corps réel et de la conscience sont caractérisés par des complications particulières, qui apparaissent plus clairement quand on les observe dans le plan de l'objet. Le système nerveux est d'abord un organe particulier de l'être vivant, mais chez les animaux supérieurs il devient tellement prédominant que c'est tout le reste du corps qui fait l'effet d'être à son service ; d'abord organe d'articulation, il semble devenir organe de direction. Inversion plus apparente que réelle, du moins si nous en croyons les avertissements de la physiologie et de la psychologie contemporaine. Les hémisphères cérébraux sur lesquels se concentrait autrefois l'intérêt de la psycho-physiologie, sont aujourd'hui quelque peu détrônés au profit des régions de la base du cerveau : couche optique, corps strié, qui apparaissent comme le noyau de la personnalité, de l'affectivité et de l'impulsion psychique générale, le cortex n'étant plus qu'un instrument d'exécution placé sous leur dépendance. D'autre part, les glandes à sécrétion interne, agissant sur les hémisphères, soit par l'action chimique des hormones, soit par l'intermédiaire du système neurovégétatif, contribuent encore à subordonner le cortex à la vie générale de l'individu. La psyché, peut conclure Kretchmer [1], loin de présenter des rapports limités à tel ou tel organe, a pour substratum le corps dans sa totalité. Parallèlement, la psychologie pure, avec Bleuler, Pierre Janet et Freud, insiste sur l'importance de la régulation affective [2] : la continuité générale de la conduite est assurée beaucoup plus par des impulsions inconscientes et instinctives que par la conscience. Dans

1. *Traité* [*Manuel*] [*théorique et pratique*] *de psychologie médicale*, [*op. cit.*,] p. 30.
2. Non sans quelque exagération, par exemple quand elle prétend ramener la démence précoce à un déficit affectif.

toute tâche vraiment vitale, la conscience est *utilisée* surtout à résoudre des difficultés de détail. En ce sens, les théories sur le primat de l'inconscient, malgré leur teinte de romantisme, sont vraies, et elles s'accordent bien avec la thèse qui fait de la conscience l'instrument du corps, puisque le corps réel n'est qu'un système de subjectivités inconscientes [1].

Si nous nous bornons sur tous ces points : affectivité, inconscient, action du tempérament, etc., à de rapides indications, ce n'est pas que nous méconnaissions leur importance. C'est en pleine connaissance de cause que nous avons traité la question des rapports de la conscience et du corps d'un point de vue surtout intellectualiste et « cortical ».

Si intéressant en effet que puisse paraître psychologiquement le problème de l'impulsion, il est philosophiquement insoluble, en ce sens qu'il implique une remontée à l'infini. La vie du corps et de ses instincts n'est « moteur » de la vie psychologique que d'une façon relative ; considérée en elle-même, elle n'est, elle aussi, qu'un « mécanisme », au sens large, qu'une « articulation » ; elle ne fait qu'utiliser l'énergie chimique, absolument comme notre cerveau utilise à son tour l'instinct ou les hormones organiques. De même que nous n'atteignons jamais une matière sans forme, une substance pure, nous n'atteignons jamais une véritable impulsion pure, mais seulement un ordre plus général de « fonctionnement ».

---

1. De même qu'il faut dire tout à la fois que la mémoire est de nature psychique ou psychoïde et qu'elle est de nature biologique, il n'y a, de même, aucune contradiction entre la thèse qui ramène l'inconscient au physiologique et celle qui en fait une réalité subjective, puisque le biologique *est* subjectif.

Nous doutons même que la psychologie de l'instinct et de l'affectivité présente un inépuisable intérêt. En s'approfondissant, elle devient nécessairement vague, sinon verbale. C'est l'aventure de la psychanalyse[1] lorsqu'elle remonte jusqu'à un « instinct de vie » ou à un « instinct de mort[2] », et ne nous apprend ainsi pas beaucoup plus que le physicien quand il découvre que l'énergie dépensée dans son œuvre par un poète ou un ingénieur est finalement empruntée à la chaleur solaire. Les véritables trouvailles de la psychanalyse portent sur le mécanisme d'expression des instincts plutôt que sur les instincts eux-mêmes. L'efficacité propre de la conscience dérive de sa forme spécifique, étant sous-entendu que l'élan est emprunté d'ailleurs. Que nous importe l'identité du vouloir-vivre de l'homme et des animaux inférieurs ? Ce qui compte, c'est que ce vouloir-vivre s'exprime dans l'humanité d'une manière absolument originale, grâce à la nature originale de la conscience humaine.

La clé des valeurs créées par l'homme est sans doute dans sa vie organique ; un esprit qui, miraculeusement, serait capacité pure de connaissance, ne produirait pas de valeurs, et, en conséquence, comme l'a montré R. Dejean[3], n'éprouverait pas d'émotion. Mais ces valeurs, et, par suite, les états affectifs, sont élaborées, spécifiées par la conscience évaluante. Elles dérivent de l'interaction des exigences organiques et du niveau conscient. La thèse qui localise l'affectivité dans les

1. Et le même reproche peut s'adresser à la psycho-pathologie de von Monakow et Mourgue, dans l'emploi qu'elle fait de la notion de *hormé*.

2. [S.] Freud, *Essais de psychanalyse*, [*op. cit*.,] « Au-delà du principe du plaisir ».

3. *L'émotion* [*op. cit.*].

noyaux de base du cerveau a besoin d'être interprétée parce qu'elle risque de faire confondre les centres de déclenchement des réactions émotionnelles avec la cause vraie des émotions qu'il faut chercher, non sans doute, comme le voudrait l'intellectualisme pur, dans la seule conscience, mais dans le rapport psycho-organique.

POSTFACE

La conscience et le corps[1] paraît en 1937. C'est dans cette œuvre que Ruyer développe les notions centrales de sa philosophie, celle de surface absolue et celle de survol absolu. C'est l'analyse de notre champ de perception qui conduit Ruyer à ces notions. Le survol absolu est cette propriété paradoxale de notre champ de perception qui fait que le champ est à la fois ce qui est vu et ce qui voit, sans l'intervention d'un sujet ou d'un œil de l'esprit, distinct de ce champ. Cette surface « se survole » donc elle-même, sans distance, sans une troisième dimension permettant de la survoler : elle « se voit ».

De l'*Esquisse d'une philosophie de la structure*
à *La conscience et le corps* : *la thèse
de l'hallucination vraie*

Le problème de la perception[2] a sans doute joué un rôle essentiel dans la découverte de la notion centrale de la philosophie de Ruyer puisque ce champ de conscience

---

1. R. Ruyer, *La conscience et le corps* (désormais noté *CC)* et sauf indication contraire, les livres et les articles cités sont de Ruyer.
2. La perception lui donne le moyen de résoudre le problème qui traverse toute son œuvre : celui des liaisons qui confèrent à la forme une existence absolue.

est la seule forme absolue qui nous soit « donnée »[1] en tant que surface absolue par survol absolu. Malgré les changements importants entre l'*Esquisse d'une philosophie de la structure* de 1930[2] et *La conscience et le corps*, une thèse demeure en effet inchangée : c'est celle qui définit la perception comme hallucination vraie. Cette thèse était pourtant déjà l'objet de nombreuses critiques à l'époque où ces œuvres ont été écrites. Dans l'*Esquisse*, la perception est certes analysée d'un point de vue mécaniste[3]. Ruyer y affirme que la perception ne nous met pas en présence de l'objet mais seulement d'une image de l'objet. À la forme de l'arbre dans le monde correspond la forme cérébrale de l'arbre :

> même en admettant que l'image cérébrale du spectateur A est différente du tableau physique, cette image, pour n'être pas dans son cerveau comme une photographie, n'en est pas moins dans son cerveau ; elle y agit en tant

---

1. Comme le montre clairement son article « Sur une illusion dans les théories philosophiques de l'étendue » (*Revue de métaphysique et de morale*, n°4, 1932, p. 521-527) publié seulement deux ans après l'*Esquisse*. Il y décrit l'étendue sensible comme « notre seul domaine d'espace qui soit réalité immédiate » (p. 526). Rejetant les métaphysiques inspirées de Leibniz, il comprend que l'espace, « en dehors de nos sensations » comme l'étendue sensible, « est fait de formes » (p. 526). Et Ruyer conclut ainsi son article : « il n'y a dans la sensation prise en elle-même, aucun dédoublement. [...] percevoir l'étendue, c'est une façon d'être étendu. L'étendue est la véritable chose en soi. Elle n'est pas connue, elle est. » (p. 527).

2. *Esquisse d'une philosophie de la structure*, Paris, Alcan, 1930.

3. Un mécanisme des formes qui « permet une rénovation du vieux mécanisme » (*Revue de synthèse*, 1931, p. 86).

que clef[1], c'est entendu, mais elle y est bien, puisqu'elle
y agit[2].

On retrouve la même position refusant le réalisme
direct dans *La conscience et le corps*. Ruyer y critique
ceux qui refusent de faire la différence entre l'objet et la
représentation de l'objet, c'est-à-dire ceux qui refusent
de faire de la perception une représentation. « Il nous
paraît que les tentatives pour réhabiliter le « réalisme
naïf » ont toutes échoué » (*CC*, p. 24). La perception ne
nous offre donc pas un accès direct au monde. Elle est
une représentation du monde par notre cerveau. C'est la
mise en scène de la perception qui nous porte à croire
que le champ de perception est le monde lui-même vu
par un sujet distinct de ce champ. C'est cette illusion
que la notion de surface absolue permet de dépasser.
Le champ de perception est le champ cérébral, surface
absolue qui n'a pas besoin d'un sujet transcendant à ce
champ pour être vue. Il s'agit de ce que Ruyer appelle
un « survol sans distance ». Il n'y a pas de sujet cartésien
observant ce qui se passe dans le cerveau. La surface
cérébrale, c'est-à-dire le champ de perception, est à la
fois ce qui voit et ce qui est vu. La thèse de la perception
comme hallucination vraie paraît inébranlable à Ruyer
(*CC*, p. 11) puisque nous ne sommes pas en présence du
monde lui-même mais d'une représentation cérébrale de
ce monde. Même si un changement notable s'est opéré

---

1. Ruyer, dans l'*Esquisse* (*op. cit.*, p. 142), utilise la même
image que Daniel Dennett (*La diversité des esprits, une approche
de la conscience*, Paris, Hachette, 1998, p. 56-57) pour décrire le
fonctionnement cérébral : celle d'une clef permettant, par sa forme,
d'ouvrir une serrure.

2. *Esquisse d'une philosophie de la structure*, *op. cit.*, p. 152.

entre les deux ouvrages, cette conception de la perception demeure inchangée. Et Ruyer continue d'affirmer qu'il n'y a aucune contradiction logique dans la thèse de la perception comme hallucination vraie. C'est parce que la perception est une représentation cérébrale que Ruyer a été amené à faire de cette surface cérébrale une surface absolue possédant les propriétés de la conscience et donc à remettre en cause aussi bien le mécanisme non matérialiste défendu dans l'*Esquisse* que le dualisme cartésien. Pourquoi la position mécaniste de l'*Esquisse* a-t-elle été remise en cause par Ruyer?

Dans cette première œuvre, Ruyer reconnaît qu'un neurologue observant l'aire visuelle d'un homme en train de regarder un arbre n'y verrait certes pas une image d'arbre. Il a seulement une image de surface cérébrale, image qui est elle-même dans son cerveau. Ruyer fait donc déjà la distinction entre le cerveau de A vu par B et ce même cerveau tel qu'il est donné à celui qui « est »[1] ce cerveau. Mais dans l'*Esquisse*, cette distinction paraît ne poser aucun problème : puisque A n'est pas B, il n'y a rien d'étonnant à ce que ce soit A qui perçoive l'arbre et non pas B. Cette différence ne serait donc qu'un simple effet de perspective : l'image du cerveau de A observé par B et ce même cerveau tel qu'il est intuitionné par A ont la même valeur épistémologique. Ce point de vue est conforme au point de vue mécaniste de l'*Esquisse* : « la description donnée par le spectateur B a une valeur scientifique[2] ». En revanche, dans *La conscience et le*

1. Certes, il paraît abusif de dire que nous *sommes* notre cerveau. Mais c'est là un abus utile pour éviter l'erreur de croire que nous *avons* un cerveau car le cerveau n'est pas un objet qu'on peut posséder.

2. *Esquisse d'une philosophie de la structure, op. cit.*, p. 152.

corps, les deux descriptions, les deux perspectives ne seront plus mises sur le même plan et n'auront plus la même valeur. Ruyer fera une distinction essentielle entre le cerveau observé par B et ce même cerveau « intuitionné » par A. Il ne se contentera plus d'expliquer cette différence par une simple question de perspective. Que ce soit A qui perçoive l'arbre et non pas B n'explique en rien la différence insurmontable entre ce que perçoit le neurologue et ce qui est donné à A. Toute explication de la perception qui passe sous silence ce point, ou qui la fait disparaître en niant même l'existence de quelque apparence que ce soit[1], ne peut être satisfaisante[2]. Il s'agit de rendre compte de la différence entre la surface cérébrale observée et cette même surface intuitionnée. C'est cette question que la thèse de la perception comme hallucination vraie, comme représentation, implique de poser. C'est ce fossé entre le champ de perception (ou plus généralement entre tout état de conscience) et ce qu'observe le neurologue qui conduit à parler du mystère des rapports entre l'esprit et le cerveau. Pourquoi Ruyer, dans *La conscience et le corps*, ne se contente-t-il plus de l'explication qui le satisfaisait dans l'*Esquisse* ? Il y a deux raisons à cela et ces deux raisons sont en relation directe avec l'analyse de notre champ de perception, analyse qui conduit Ruyer à la notion de surface absolue.

En effet, si l'on admet qu'il y a bien une image d'arbre dans le cerveau de A, on est amené à se poser cette question : qui perçoit cette image ? L'*Esquisse* ne pose

1. Comme le fait Dennett (*La conscience expliquée*, Paris, Odile Jacob, 1993, p. 449).
2. Il ne s'agit pas ici de savoir si nous percevons de pures données sensibles sans contenu perceptuel ou si toute perception contient d'emblée un contenu conceptuel.

pas cette question, comme si poser cette question risquait
de nous ramener au sujet cartésien, à l'œil de l'esprit,
solution que Ruyer estime définitivement dépassée. Mais
alors, si percevoir ne se réduit pas à avoir une réaction
comportementale face à l'objet perçu, s'il y a bien une
image d'arbre dans le cerveau de A, on ne peut échapper
à la question : qui perçoit cette image ou plutôt comment
cette image peut-elle être perçue ? On doit reconnaître
qu'il n'y a perception que si l'image cérébrale est perçue :
la seule existence de l'image cérébrale dans le cerveau,
comme l'envisageait l'*Esquisse*, ne suffit pas pour qu'il
y ait perception. Il faut, pourrait-on dire, une personne
devant l'écran de télévision pour que l'image sur le poste
soit perçue. Qui perçoit l'image cérébrale ? Si le troisième
œil, œil de l'esprit, est écarté, il ne reste plus qu'une
solution : c'est cette surface cérébrale qui se perçoit elle-
même, qui se « survole » sans distance, en vertu de ce
que Ruyer appellera donc un survol absolu. Et la surface
cérébrale sera une surface absolue, c'est-à-dire une surface
intuitionnée sans troisième dimension, domaine absolu
où propriétaire et propriété, sujet et objet coïncident.
« La subjectivité, contrairement à l'étymologie, est sans
sujet, elle n'est qu'un caractère de toute forme absolue en
ce sens qu'elle exprime la non-ponctualité de l'étendue
sensible. Il est dans la nature de toute forme de paraître se
"survoler" elle-même » (*CC*, p. 64). La différence entre le
neurologue B et la personne A a une portée ontologique.
B est à distance de ce qu'il observe alors que A n'est
pas à distance de son aire visuelle. Le cerveau observé
par B, le cerveau comme objet, pure substance étendue
observable scientifiquement, ne sera plus pour Ruyer que
l'apparence que prend une surface absolue. Dans le cas
présent, cette apparence est celle qui correspond à un

champ de conscience quand il est observé de l'extérieur par le neurologue, c'est-à-dire par une autre conscience, une autre surface absolue.

Notre champ de perception présente une deuxième caractéristique tout aussi paradoxale pour le philosophe qui voudrait soutenir une thèse mécaniste. Les éléments constituant un mécanisme sont simplement juxtaposés les uns à côté des autres, extérieurs les uns aux autres, et les formes dont parle Ruyer dans l'*Esquisse* sont des structures ayant les propriétés des mécanismes. Ainsi en va-t-il de la forme cérébrale : elle agit comme une clef dans une serrure. Elle produit mécaniquement un effet sur les circuits neuronaux. Mais Ruyer, dans *La conscience et le corps*, montre que notre champ de perception, c'est-à-dire ce qu'il appelle l'étendue sensible, n'est pas un agrégat, une juxtaposition d'éléments : « Dans l'étendue sensible, chaque détail est localisé mais c'est une erreur de croire que chaque détail est isolé de l'ensemble comme un prisonnier dans sa cellule et que seul notre regard spirituel qui se promène de détail en détail comme un visiteur peut les mettre en relation. » (*CC*, p. 61). Notre champ de perception est un tout, une forme. Or une forme n'est une forme qu'en étant *une* forme. Elle est *une* par la liaison de ses éléments, et cette liaison n'est pas due à un sujet cartésien transcendant à ces liaisons, distinct de ce qu'il unifie : « Chaque fois qu'un ensemble vrai, une vraie forme, un vrai domaine indivisible de liaisons existe, un point mythique de perspective est virtuellement créé » (*CC*, p. 64). Comme le dira Ruyer, la conscience n'est pas ce qui unifie les éléments d'une forme, d'un champ de conscience, elle est le fait même des liaisons. Par conséquent, « une forme qui n'est que la résultante d'un jeu d'éléments, qui ne les subordonne pas, n'est pas une forme, ce n'est qu'un aspect » (*CC*, p. 96).

La thèse de la perception comme représentation conduit Ruyer à la notion de surface absolue et à la remise en cause de l'opposition cartésienne entre conscience et étendue. Il y a identité entre la conscience et le corps : notre champ de perception nous offre l'exemple d'une conscience étendue et ceci permet de remettre en cause aussi bien le dualisme spiritualiste que le monisme mécaniste dont Ruyer était parti. La solution du mystère des relations entre la pensée et le cerveau se trouve dans une nouvelle ontologie.

L'épiphénoménisme inversé de Ruyer

La philosophie de Ruyer peut être définie comme un monisme non matérialiste puisqu'il refuse le dualisme de la conscience et du corps tout en refusant de réduire la conscience à un ensemble de processus neurologiques qui nous livrerait la réalité de ce que nous appelons la conscience. Il faut cependant souligner que ce monisme est fondé sur une distinction radicale entre deux types de connaissance ou plutôt entre connaissance objective et intuition. En effet les articles qui suivent l'*Esquisse* insistent sur la distinction entre la connaissance objective que nous pouvons avoir des formes quand nous les percevons de l'extérieur (comme le neurologue quand il étudie notre cerveau) et « l'intuition » que nous avons, en tant que nous sommes cette surface. Ruyer considère d'ailleurs que le terme « connaissance » ne convient pas pour parler de cette intuition qu'a un champ de conscience de lui-même :

la connaissance considérée comme le tout de l'être, c'est-à-dire comme connaissance-texture, doit être prise dans un sens tellement différent du sens ordinaire qu'on se demande pourquoi on conserve un vocabulaire aussi anthropomorphique [1].

Toute connaissance s'effectue en effet à partir d'un certain point de vue, selon une certaine perspective. Elle nous met en présence d'une structure perçue de l'extérieur et ne nous donne pas accès à la forme telle qu'elle existe en elle-même. Le champ de perception est une forme en soi que nous intuitionnons par survol absolu, sans effet de perspective. Nous ne pouvons pas parler ici de connaissance, justement parce que *je* suis cet état de conscience, cette intuition. *Je* ne connais donc pas mon état de conscience. Le neurologue, lui, connaît cet état de conscience sous forme de structure cérébrale et par conséquent « la structure n'est que la forme dégradée par la connaissance » (*CC*, p. 32).

La forme existe indépendamment de l'aspect qu'elle peut prendre, observée de l'extérieur. Elle n'a pas seulement une existence relativement à un observateur se dotant d'un point de vue, elle a une existence *en soi*, c'est-à-dire absolue, indépendamment de toute perspective. Absolu s'oppose ici à ce qui est relatif. Ruyer a recours à une analogie en évoquant la théorie de la relativité [2]. Dans la théorie de la relativité, le temps n'est pas aboli mais il est relatif à l'observateur. Ce

1. « La connaissance comme fait cosmique », *Revue philosophique de la France et de l'étranger*, 1932, p. 383.
2. Notamment dans l'article « Sur quelques arguments nouveaux contre le réalisme », *Recherches philosophiques*, IV, 1934-1935, p. 33-41.

temps propre à chaque observateur, un autre observateur peut en prendre connaissance, bien qu'il soit dans une autre perspective. Ce qui est aboli dans la théorie de la relativité, c'est le temps absolu, celui qui ne dépendrait d'aucune perspective. La forme de Ruyer est également propre à tout être qui l'intuitionne, mais aucun autre observateur ne peut en prendre connaissance : elle est absolue. Une existence absolue est aussi une existence dont on ne peut douter. En ce sens, on ne peut douter de l'existence de cette surface absolue qu'est notre champ de perception. La phrase « Je me demande si j'ai mal » ne relève pas seulement d'une erreur grammaticale, comme le soutiendra bientôt Wittgenstein. L'étonnement qu'elle nous procurerait si nous l'entendions est symptomatique. Si je *suis* ma sensation de douleur, alors la sensation de douleur ne peut douter d'elle-même parce qu'elle ne se connaît pas. Là où il y a survol absolu, il n'y a pas connaissance, il n'y a pas dualité de l'objet et du sujet qui rendrait possible un doute.

La situation imaginée par Ruyer dans l'*Esquisse* a donc une portée ontologique : ce n'est que dans ce cas que nous pouvons clairement faire la distinction entre la connaissance d'une forme vue « du dehors » et la réalité de cette forme telle qu'elle est intuitionnée « du dedans ». Il y a un fossé important entre les connaissances que nous offrent les sciences de la nature et la réalité en soi de ce qu'elles étudient. Si ce fossé est aussi important que le fossé existant entre la connaissance qu'a le neurologue et la réalité du champ de perception, alors nous devrions admettre que la pensée scientifique ne décrit que l'ombre de la réalité. Lorsque nous observons un végétal, lorsque nous voyons une amibe se déplacer, ou encore lorsque nous faisons des expériences sur les particules élémentaires, nous sommes dans la situation du neurologue qui observe notre cerveau : « nous voyons le réel du dehors, peut-on dire par métaphore, nous en surprenons le comportement [1] ». Par notre champ de perception, nous avons accès à ce que Ruyer appelle « l'envers » du fonctionnement. Et cet envers est irréductible à un fonctionnement : ce qui est donné au neurologue comme réactions chimiques au niveau des synapses n'est que l'envers de ce qui est intuitionné comme champ de perception, ou comme décision de prendre tel objet, ou bien encore comme sensation de douleur. Plus tard, Ruyer reviendra sur l'existence de ce double langage, langage des causes ou de l'objectivité, d'un côté, des raisons ou de la subjectivité de l'autre :

> la même action, suivant qu'elle est décrite par de savants observateurs ou qu'elle est rapportée par l'agent lui-même donne lieu à deux rapports fort différents dont l'un [le rapport scientifique, explicatif], tout au moins d'après les savants en question, se suffit à lui-même, et dont l'autre paraît au sens commun et surtout à l'intéressé, non seulement primordial et indispensable pour comprendre, mais lui aussi, suffisant et complet [2].

Inversant l'épiphénoménisme, Ruyer est donc conduit à attribuer une valeur causale à la version subjective d'une action. C'est le langage subjectif, celui des raisons, qui nous donne en quelque sorte la bonne version de l'action. La version subjective n'a pas seulement une

---

1. « La psychologie, la "désubjectivation" du comportement, le parallélisme », *Revue de synthèse*, III, 1933, p. 178.
2. *Paradoxes de la conscience et limites de l'automatisme*, Paris, Albin Michel, 1966, p. 84.

valeur explicative [1] : c'est bien ma passion amoureuse telle que je la ressens, telle que je la vis, qui rend compte du déplacement de mon corps vers le lieu de mon rendez-vous. Le langage des causes, celui du neurologue, c'est-à-dire le langage des sciences de la nature, n'a pas de réelle valeur causale parce qu'il n'a pas de réelle valeur ontologique : ce langage ne nous livre que l'apparence que prend une action quand elle est observée de l'extérieur. Il n'y a pas ici deux causes, il y a deux versions d'une seule réalité. La réalité du désir amoureux ne peut être réduite à celle d'une sécrétion hormonale, son efficacité ne peut pas être réduite à celle d'une réaction chimique. Il y a deux manières de dire que A et B sont identiques, mais une seule et même chose : je peux vouloir dire que A n'est que B, c'est-à-dire que la conscience n'est qu'un ensemble de processus neurologiques. Ou alors, inversement, et c'est en ce sens que Ruyer définit sa position comme un épiphénoménisme inversé, je peux vouloir dire que ce qui apparaît comme un ensemble de processus neurologiques, c'est-à-dire comme la pure substance étendue cartésienne, est en fait un champ de subjectivité, une forme absolue dotée de ce paradoxal survol absolu : « C'est l'objectif qui est pour nous un épiphénomène du subjectif et là où, pour la science, il y a des relations abstraites, une sorte d'en soi concret doit exister. » [2]. Par conséquent, si le neurologue n'a pas tort d'attribuer une efficacité causale aux processus cérébraux qu'il observe,

---

1. Comme le pense par exemple David Chalmers (*L'esprit conscient*, Paris, Ithaque, 2010, p. 420). Elle ne relève pas non plus seulement d'une stratégie de l'interprète comme l'affirme Dennett (*La stratégie de l'interprète*, Paris, Gallimard, 1990).

2. « Le versant réel du fonctionnement », *Revue philosophique de la France et de l'étranger*, 1935, p. 360.

il se trompe quand il croit que leur efficacité causale leur appartient en tant que processus cérébraux tels qu'ils sont connus par le neurologue. C'est parce qu'ils constituent un champ de subjectivité, c'est-à-dire que leur « en soi » est d'être un désir, une sensation de douleur vécue, qu'ils sont efficaces causalement. Cet « en soi » des processus cérébraux n'est donc pas un simple épiphénomène qui les accompagne. C'est la réalité des processus cérébraux.

Ruyer serait sans doute d'accord sur ce point avec Wittgenstein : on ne saurait passer d'un langage à l'autre comme le font souvent les neurologues. Mais la distinction que Ruyer fait entre la connaissance objective et l'intuition, c'est-à-dire entre la réalité du champ de subjectivité, ce qu'il est en soi, et l'apparence que prend ce champ quand il est observé, permet de rendre compte de l'existence de ces deux langages. Pourquoi possédons-nous ces deux jeux de langage ? Il ne s'agit pas d'une question de grammaire, contrairement à ce que pense Wittgenstein. Ce qui est en jeu ici, c'est le statut, la portée du langage scientifique. Doit-on considérer que ce langage peut nous livrer une connaissance parfaite du réel ? Ruyer le conteste. Il n'a pas de portée ontologique puisque ce qui nous est donné comme surface étendue, pur objet connu scientifiquement, n'est qu'une apparence qui ne correspond pas à la réalité de ce qu'observe le neurologue. La connaissance objective n'a donc pas de valeur ontologique puisqu'elle ne nous permet pas de connaître la réalité en soi de la forme. En revanche, la connaissance scientifique doit recevoir un statut ontologique : elle existe comme fait. La connaissance est dans le monde, comme produit de notre cerveau. Par conséquent, la physique théorique pourrait être étudiée comme « une sorte de phénomène de « duplication du

monde », qu'un naturaliste stellaire comparerait peut-
être au mimétisme étrange de certains papillons ». [1]

Un matérialiste tiendra pour irréel cet « envers »,
c'est-à-dire ce que nous intuitionnons, ou il n'en fera
qu'un épiphénomène. En revanche Ruyer estime qu'il y
a d'excellentes raisons de penser que, comme dans le cas
de notre cerveau, à la structure observée de l'extérieur
doit correspondre une forme absolue. Il ne s'agit pas
pour autant de projeter sur tous les êtres une subjectivité
équivalente à celle de notre champ de conscience. Notre
champ de perception n'est qu'une forme particulière
de subjectivité, c'est-à-dire de forme absolue, forme
chargée des relations avec le milieu extérieur mais sous
la dépendance de cette forme absolue plus fondamentale :
l'organisme. Le biologiste qui observe la formation
de l'embryon est dans la situation du neurologue qui
observe ce qui se passe dans le cerveau d'un homme en
train d'exécuter une tâche, un mouvement. Il doit aussi
y avoir ici un « envers » du fonctionnement observé et
cet envers doit avoir un rapport étroit avec notre champ
de conscience puisque le cerveau est le produit de cet
embryon en train de se former. Il doit y avoir survol
absolu dans l'embryon comme dans le cas de la surface
cérébrale, c'est-à-dire subjectivité, activité s'auto-
contrôlant.

C'est donc parce que le champ de perception, en tant
que champ de conscience, est un cas privilégié que Ruyer

1. « Sur quelques arguments nouveaux contre le réalisme »,
art. cit., p. 50. Ruyer soutient plus précisément « à une époque où
tant de philosophes, aussi bien néo-thomistes que néo-réalistes,
insistent […] sur l'intentionnalité de la pensée » qu'« une image
d'une chose, c'est une autre chose » (« Sur une illusion dans les
théories philosophiques de l'étendue », art. cit., p. 50).

donne raison sur ce point aux bergsoniens quand ceux-ci
accordent une telle importance aux données immédiates
de la conscience. En effet, par notre champ de conscience
et par lui seul, nous est donné « un échantillon d'être
inestimable, irremplaçable parce qu'unique. Mais ils
[les bergsoniens] ont tout à fait tort de croire tenir avec
l'intuition de ces données un mode de connaissance
[…]. Le champ de conscience est réel mais non vrai,
le monde de la connaissance est vrai mais non réel[1] ».
L'intuition par laquelle le champ de subjectivité est
donné à lui-même ne peut être qualifiée de vraie si la
vérité désigne un certain rapport entre la connaissance
et son objet et donc une dualité entre la connaissance
et son objet. Or, dans le cas du survol absolu, il y a
identité entre l'intuition et son objet. C'est cette identité
entre l'intuition et ce qu'elle intuitionne qui constitue la
caractéristique essentielle d'un champ de subjectivité.
Par contre, il peut paraître paradoxal que Ruyer emploie
la notion de vérité à propos de la connaissance qu'a le
neurologue de cette surface cérébrale puisqu'il considère
que cette surface cérébrale, telle qu'elle est donnée au
neurologue, n'est que l'apparence prise par un champ
de subjectivité quand il est perçu de l'extérieur. Il s'agit
certes d'une apparence qui ne nous donne pas la réalité
de la surface cérébrale, ce qu'elle est en soi. Mais il
ne s'agit pas d'une illusion. Lorsque le neurologue
observe des influx nerveux mettant en activité telle zone
cérébrale, il se passe bien quelque chose d'équivalent
dans le champ de subjectivité correspondant à l'activité
des zones observées. Cette connaissance abstraite de

1. « Un modèle "mécanique" de la conscience », *Journal de
psychologie normale et pathologique*, 1932, p. 550-575.

la surface cérébrale peut permettre au neurologue de faire des prédictions comme le fait un physicien qui n'a qu'une connaissance abstraite mais néanmoins efficace de la réalité physique. En ce sens, on peut dire que la connaissance est vraie : il y a bien un certain rapport entre la connaissance et son objet. La thèse de Ruyer offre une solution au problème des rapports entre la conscience et le corps : une action sur la surface cérébrale modifie nécessairement le champ de subjectivité puisque les deux ne font qu'un et, inversement, tout changement dans le champ de subjectivité – émotion, décision d'agir, etc. – a des répercussions au niveau du cerveau (c'est-à-dire du corps). Ce sont ces modifications que le neurologue peut observer de l'extérieur. C'est en ce sens que le mystère des relations entre l'âme et le corps disparaît, puisque, au sens strict, il n'y a pas de relations.

En quelque sorte, la connaissance d'une structure est toujours relative à une certaine perspective alors que l'intuition de la forme par elle-même, c'est-à-dire par survol absolu, est justement absolue. Elle seule nous donne la « texture de l'être », « une structure non effaçable par le choix d'instruments d'observation, voilà la véritable définition de la réalité »[1]. Nous avons accès dans le champ de perception à ce que l'on peut appeler les « coutures » de l'être, du réel, c'est-à-dire à ce qui fait d'une forme *une* forme, d'un être *un* être. Ainsi Ruyer aboutit à un épiphénoménisme inversé : « l'intérêt capital du paradoxe épiphénoméniste, c'est qu'on ne peut y échapper qu'en le retournant complètement. Si on veut rendre son efficacité à la conscience, il faut admettre alors que toute forme vraie, c'est-à-dire toute subjectivité,

---

1. « La connaissance comme fait cosmique », art. cit., p. 387.

est la réalité dont la structure n'est que l'apparence » (*CC*, p. 50).

Les sensations sont-elles dans nos têtes ?

Cet épiphénoménisme inversé demande qu'on remette en cause le postulat implicite qui paraît commun aussi bien aux différentes formes de matérialisme, au dualisme cartésien et aux philosophes wittgensteiniens : le cerveau ne serait bien que ce qu'en dit le neurologue, c'est-à-dire un organe doté des seules propriétés neurologiques. Ainsi une connaissance scientifique complète du cerveau nous donnerait accès à toutes ses propriétés et il ne resterait rien de plus à connaître. Par exemple, aucune expérience phénoménale donnée à la première personne ne demeurerait inaccessible à l'observation à la troisième personne [1]. De même, le dualisme cartésien, c'est-à-dire la thèse de la distinction réelle de l'âme et du corps, réduit le corps et donc le cerveau à la pure substance étendue : c'est l'âme qui pense et non le cerveau.

Les critiques wittgensteiniennes du langage privé et du mythe de l'intériorité sont aussi étroitement dépendantes de ce présupposé : le cerveau ne peut pas penser. Certes Ruyer en convient : le cerveau, tel qu'il

---

1. Thèse soutenue par Dennett (*La conscience expliquée*, *op. cit.*, p. 440). Ainsi lorsque Nagel considère qu'aucune connaissance neurologique, si complète soit-elle, ne saurait nous permettre de savoir ce que cela fait d'être une chauve-souris, Dennett répond au contraire que « la structure de l'esprit d'une chauve-souris est tout aussi accessible que la structure de son système digestif » (*ibid.*, p. 554). L'expérience phénoménale, le « ce que cela fait de ressentir la douleur » n'est pas inaccessible au neurologue, ce n'est pas « l'envers » du fonctionnement cérébral.

est décrit par le neurologue, ne peut pas plus penser qu'une pierre. Mais en soutenant que sa thèse donne une solution ontologique au mystère des rapports entre le corps et la conscience, Ruyer entre pleinement dans le cadre de leurs critiques[1]. Car la distinction radicale qu'il fait, entre la surface cérébrale telle qu'elle est observée par le neurologue et cette même surface telle qu'elle s'intuitionne, oblige à soutenir que le champ de perception est une expérience privée, une « donnée » intérieure inaccessible à l'observation neurologique. Si la perception est une représentation cérébrale, cette représentation n'est donnée qu'à la première personne, c'est-à-dire qu'au sujet qui a cette représentation. C'est alors le monde qui dans le même temps nous est inaccessible directement puisque la perception de ce monde passe nécessairement par une représentation. Parler, comme le fait Ruyer, du champ de perception et distinguer le champ de perception du monde que ce champ nous représente, est donc un cas flagrant de l'internalisme critiqué par les wittgensteiniens. Selon ces derniers, quand nous parlons de nos croyances, ou dans le cas présent de notre champ de perception, nous croyons parler de pensées qui seraient « dans nos têtes ». Or, apprendre la signification des termes « croyances, désirs, bleu, douleur » ne consiste pas à les mettre en rapport avec une donnée intérieure, mais à apprendre les règles de leur emploi, à connaître les situations dans lesquelles

1. « Le sentiment de l'infranchissable abîme entre la conscience et les processus cérébraux […], l'idée de cette sorte de différence est accompagnée d'un léger vertige, celui qui se produit lorsque nous exécutons des tours de passe-passe logiques. » (L. Wittgenstein, *Recherches philosophiques*, Paris, Gallimard, § 412, cité dans *Les paradoxes de la conscience et limites de l'automatisme*, *op. cit.*, p. 83).

ils sont employés correctement : leur signification est publique et non privée. Enfin, puisque nos états mentaux ont un contenu intentionnel et que ce contenu est une propriété extrinsèque de ces états, le mental ne saurait être produit de manière cérébrale. Par exemple, attribuer un contenu intentionnel à un état cérébral équivaudrait à faire de la valeur fiduciaire d'un billet de banque une propriété intrinsèque ce billet, comme s'il possédait cette valeur par ses seules propriétés internes, par ses propriétés physiques.

Or Ruyer accepterait sans doute de dire qu'un morceau de papier ne devient un billet de banque que par l'intermédiaire de ce que Descombes nomme « les institutions du sens »[1]. Mais Ruyer refuse de limiter le domaine du sens à celui de la signification linguistique, partant du principe qu'on ne peut pas rendre compte de celle-ci à partir d'un monde qui serait dépourvu de sens, réduit à ce qu'en disent les sciences de la nature :

> les significations humaines ne sont pas surimposées à un monde dépourvu de sens. La signification n'est qu'une technique des sens, c'est-à-dire de la partie invisible des êtres. Les mots ne créent pas les sens ou les essences, ils ne sont possibles que parce qu'il y a des types et des espèces, biologiques et spirituelles[2].

Au fond la critique wittgensteinienne de l'internalisme repose sur le présupposé que nous avons signalé : si le cerveau, comme le billet de banque, n'est qu'un objet connaissable scientifiquement, ne possédant que des propriétés physiques, alors le cerveau ne peut produire une représentation d'une table verte. Et cependant, rien

---

1. V. Descombes, *Les institutions du sens*, Paris, Minuit, 1996.
2. *Néo-Finalisme*, Paris, P.U.F., 2012, p. 142.

n'oblige à admettre ce présupposé, sauf à considérer que le cerveau et donc le corps, et au-delà du corps, tout être vivant, est explicable scientifiquement. Faire du mental un problème disparaissant grâce à une critique grammaticale ne pouvait convenir à Ruyer qui s'est toujours refusé à réduire le rôle de la philosophie à un « puzzle logique »[1].

Des formes absolues à Néo-Finalisme

À partir de *La conscience et le corps*, Ruyer visera essentiellement les conceptions matérialistes, réductionnistes, éliminativistes de la conscience. En effet, puisque cette surface cérébrale est champ de subjectivité et non un pur mécanisme, Ruyer réhabilite la finalité, les causes finales : « il est de la nature même des formes vraies qui constituent la conscience de fonctionner selon un mode de causalité finaliste caractéristique de ce que l'on appelle l'esprit. » (*CC*, p. 99). Alors que l'*Esquisse* refusait la finalité-intention d'un sujet et réduisait la finalité-harmonie des formes organiques au résultat d'un processus de sélection darwiniste, Ruyer ne cessera dans la suite de son œuvre de montrer qu'on ne peut pas rendre compte de la production et de l'évolution de ces formes organiques par la biologie néo-darwiniste[2]. En 1952, son livre *Néo-Finalisme* montrera clairement que la négation par le biologiste darwiniste de tout finalisme est une position auto-contradictoire. Les êtres qui sont des formes (qui ne sont pas des agrégats sans réelle unité), ne

---

1. *Paradoxes de la conscience et limites de l'automatisme*, *op. cit.*, p. 84.

2. *La genèse des formes vivantes*, Paris, Flammarion, 1958.

fonctionnent pas selon une causalité purement mécanique. À l'arbre du champ de perception correspond un arbre dans le monde, arbre qui est une forme absolue et donc un être. Par contre, à la montagne présente dans mon champ de perception ne correspond pas une forme absolue « montagne ». Seules les molécules et les particules les composant sont des formes absolues, des êtres possédant une unité. Le rejet du dualisme cartésien et du sujet cartésien ne conduit donc pas nécessairement au rejet de la subjectivité et au rejet de la finalité dans le monde. Et puisque l'activité finalisée de l'être individualité ne peut pas être réduite à un mécanisme, la description de cette activité nécessitera de faire référence à ce que Ruyer appellera une « transversale métaphysique », c'est-à-dire au domaine du sens, irréductible à la signification purement linguistique. Rendre intelligible la formation d'un embryon, l'activité instinctive du vivant ou l'action d'un homme, implique qu'on admette le rôle du domaine du trans-spatial[1], c'est-à-dire l'efficacité dans le spatio-temporel de thèmes biologiques, des mémoires de l'instinct, des sens et des valeurs saisies par la conscience de l'homme. Ruyer développera finalement une forme de

1. Les deux domaines, spatio-temporel et trans-spatio-temporel, sont des dimensions auxquelles Ruyer aura recours pour faire comprendre la vraie nature des formes vraies qui ne sont pas des êtres composés. Il y a bien un thème qui permet à l'embryon de se développer comme forme absolue. L'embryon est comme possédé par ce thème. Mais, réciproquement, le thème n'existe que parce que l'embryon est possédé. Les thèmes trans-spatio-temporels de l'embryologie ont toujours « un pied à terre » organique. « Et cela ne doit pas, du moins pas tout de suite, nous conduire à imaginer un au-delà, un paradis platonicien de thèmes mnémiques ou d'idées. » (L'embryogenèse du monde et le dieu silencieux, Paris, Klincksieck, 2013, p. 78).

panpsychisme : « Nous n'avons d'idées que comme les arbres ont des feuilles [1]. ». Même les constituants ultimes de la matière des formes sont dotés de ce survol absolu découvert dans le champ de perception. Ce panpsychisme devait progressivement conduire Ruyer à une théologie qui sera l'objet de son ouvrage posthume *L'embryogenèse du monde et le dieu silencieux*.

---

1. « La mort et l'existence absolue », *Recherches philosophiques*, II, 1932-1933, p. 14.

TABLE DES MATIÈRES

Achevé d'imprimer en octobre 2020
sur les presses de
La Manufacture - Imprimeur – 52200 Langres
Tél. : (33) 325 845 892

N° imprimeur : 201058 - Dépôt légal : novembre 2020
Imprimé en France